イギリス東インド会社

軍隊・官僚・総督

浜渦哲雄

目次

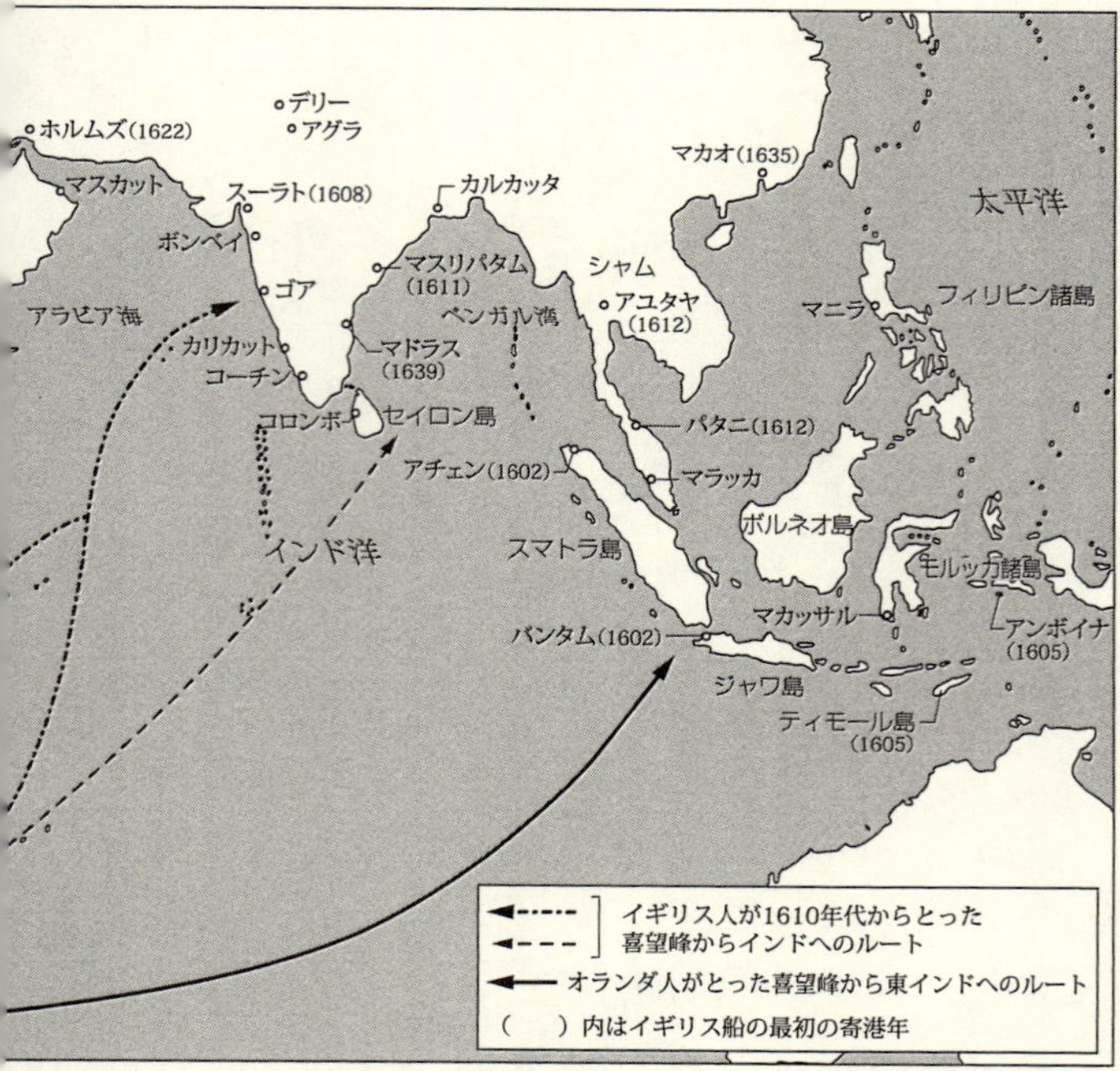

図１　ヨーロッパから東インドへのルートとイギリスの貿易拠点
図１〜４はアンドリュー・N・ポーター（編著）、横井勝彦・山本正（訳）『大英帝国歴史地図』（東洋書林、1996年）を参照して作成

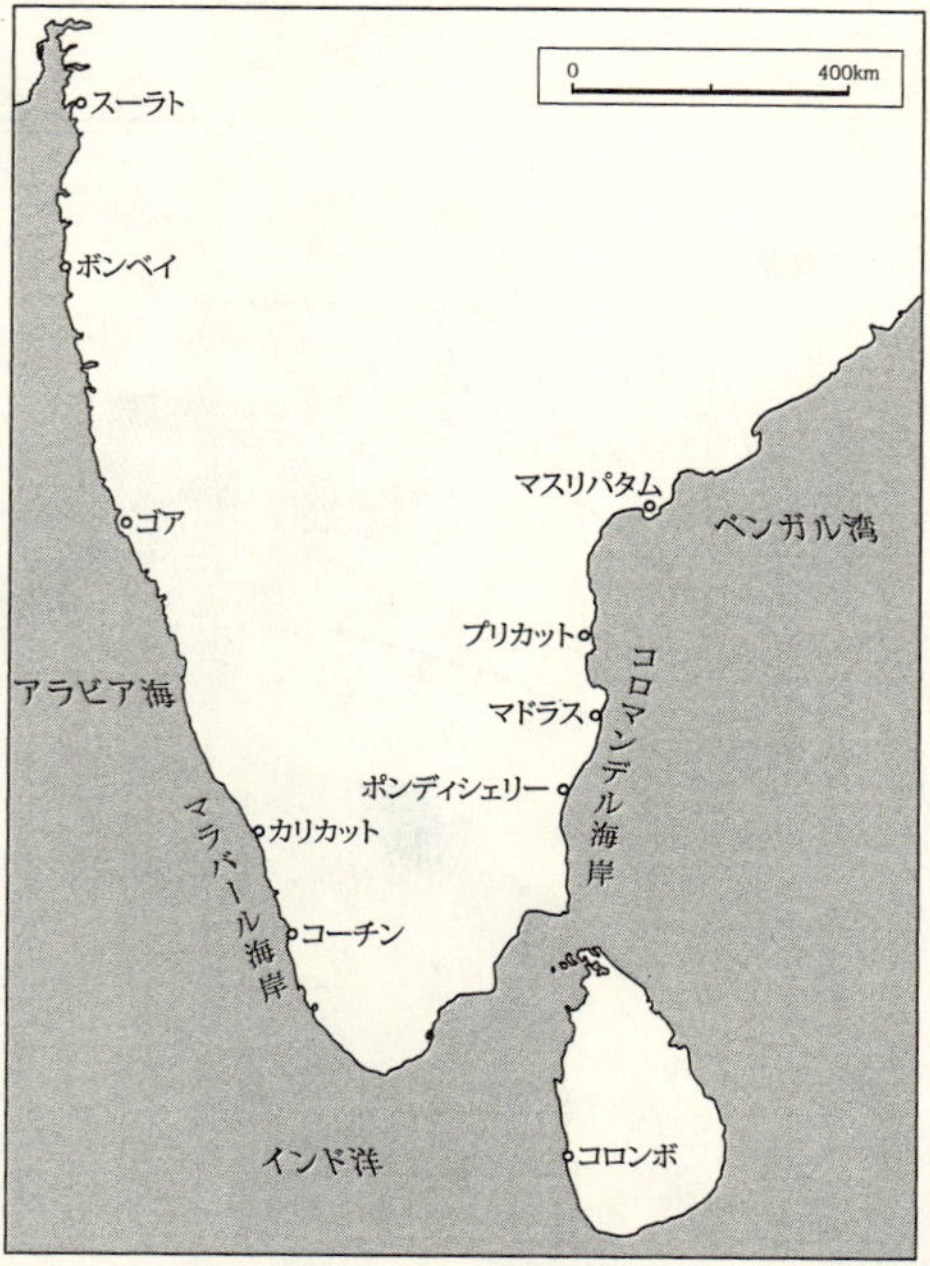

図２　ヨーロッパ船が寄港したインドの港（17世紀前半）

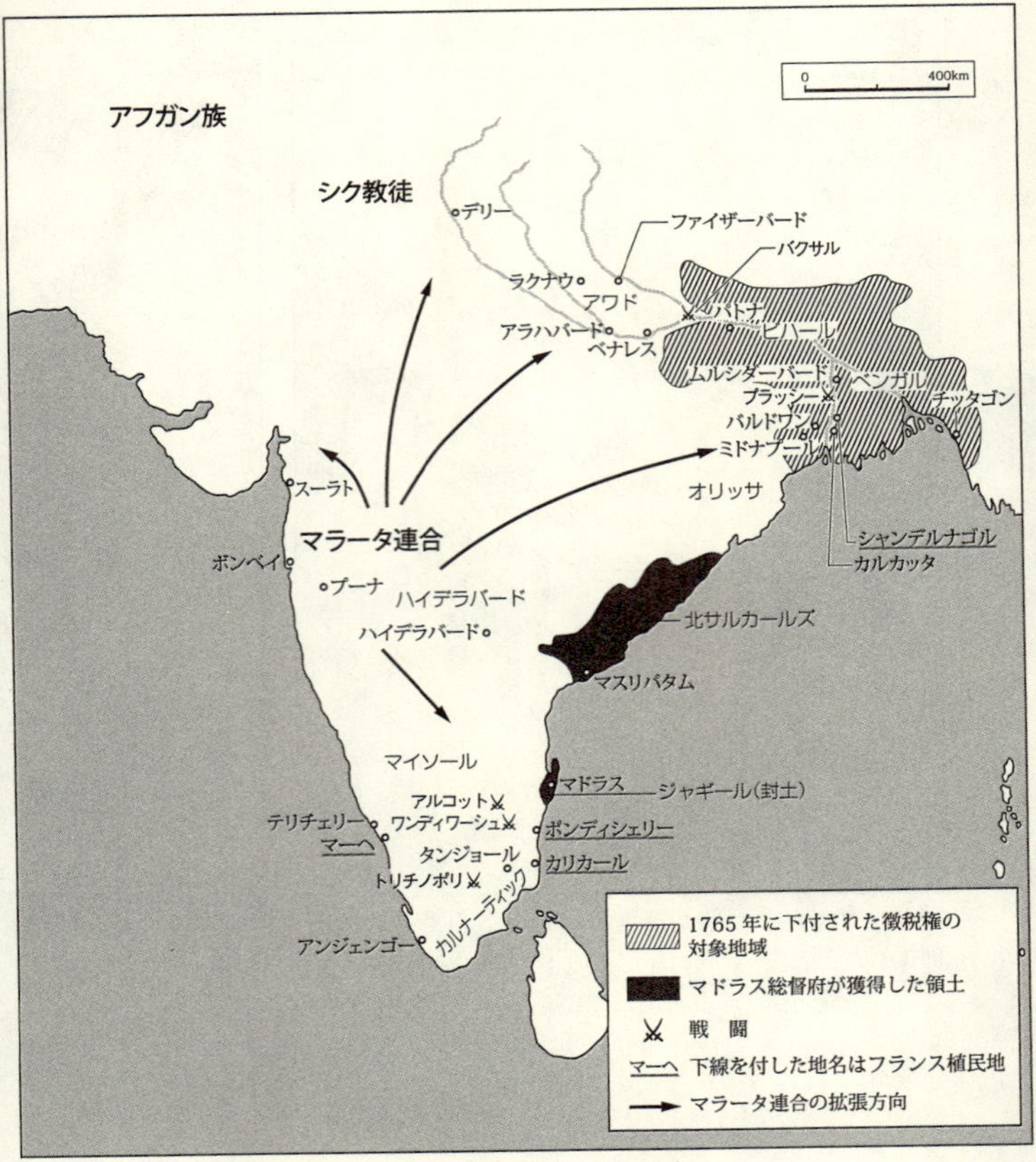

図3　インドにおけるイギリス勢力（1765年まで）

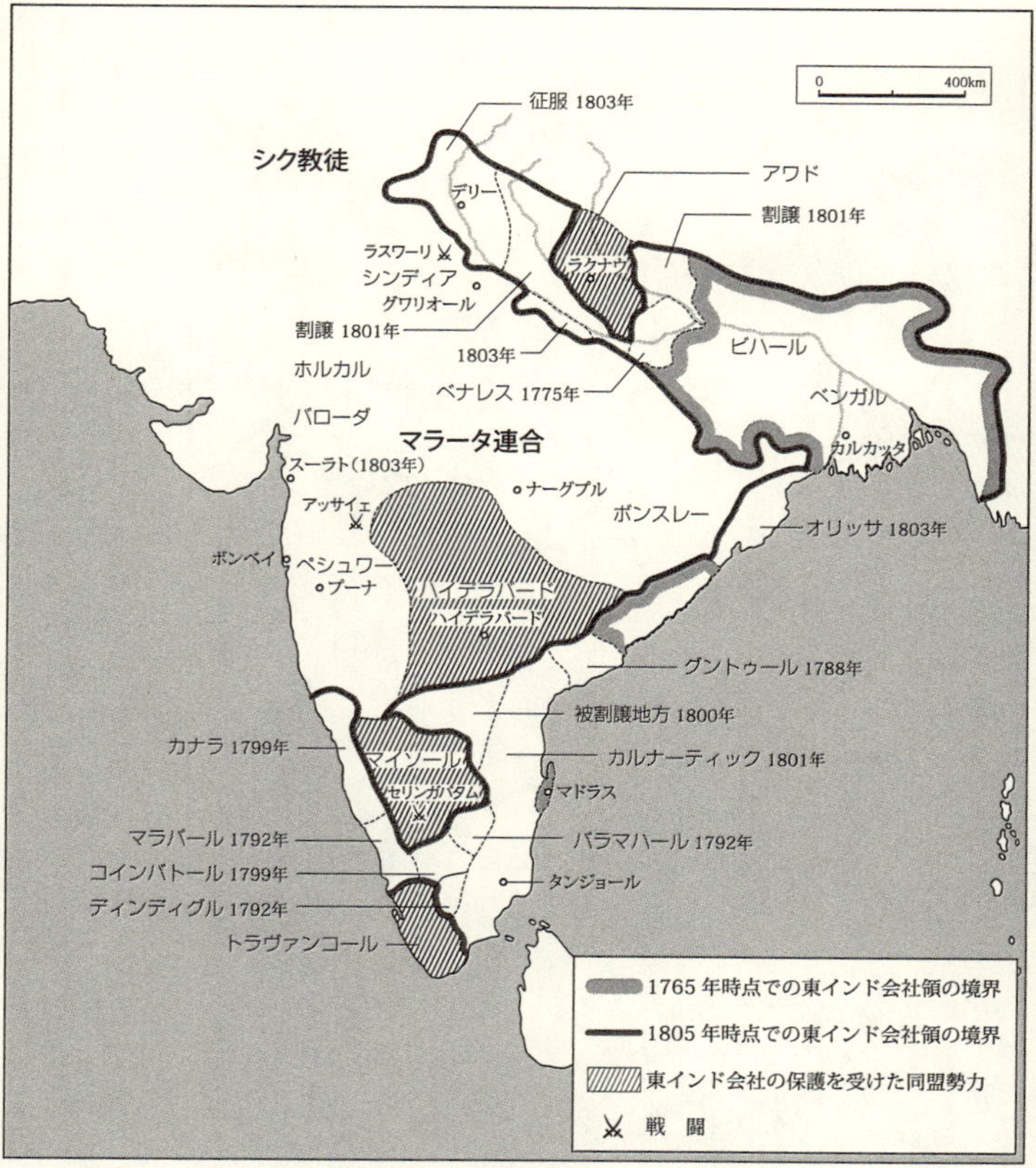

図4　インドにおけるイギリス勢力（1765〜1805年）

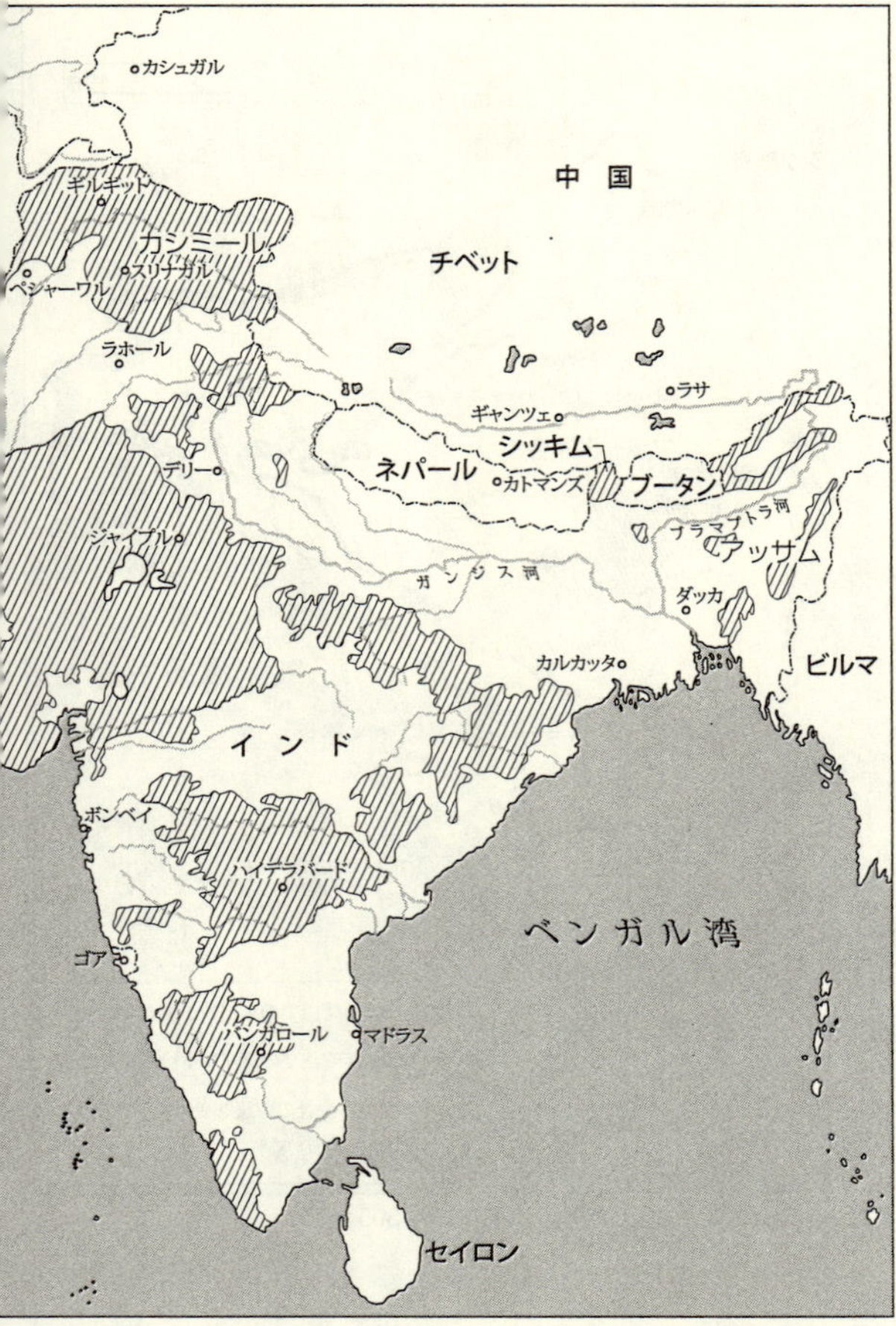

図５　英領インドと近隣諸国（1858～1947年）

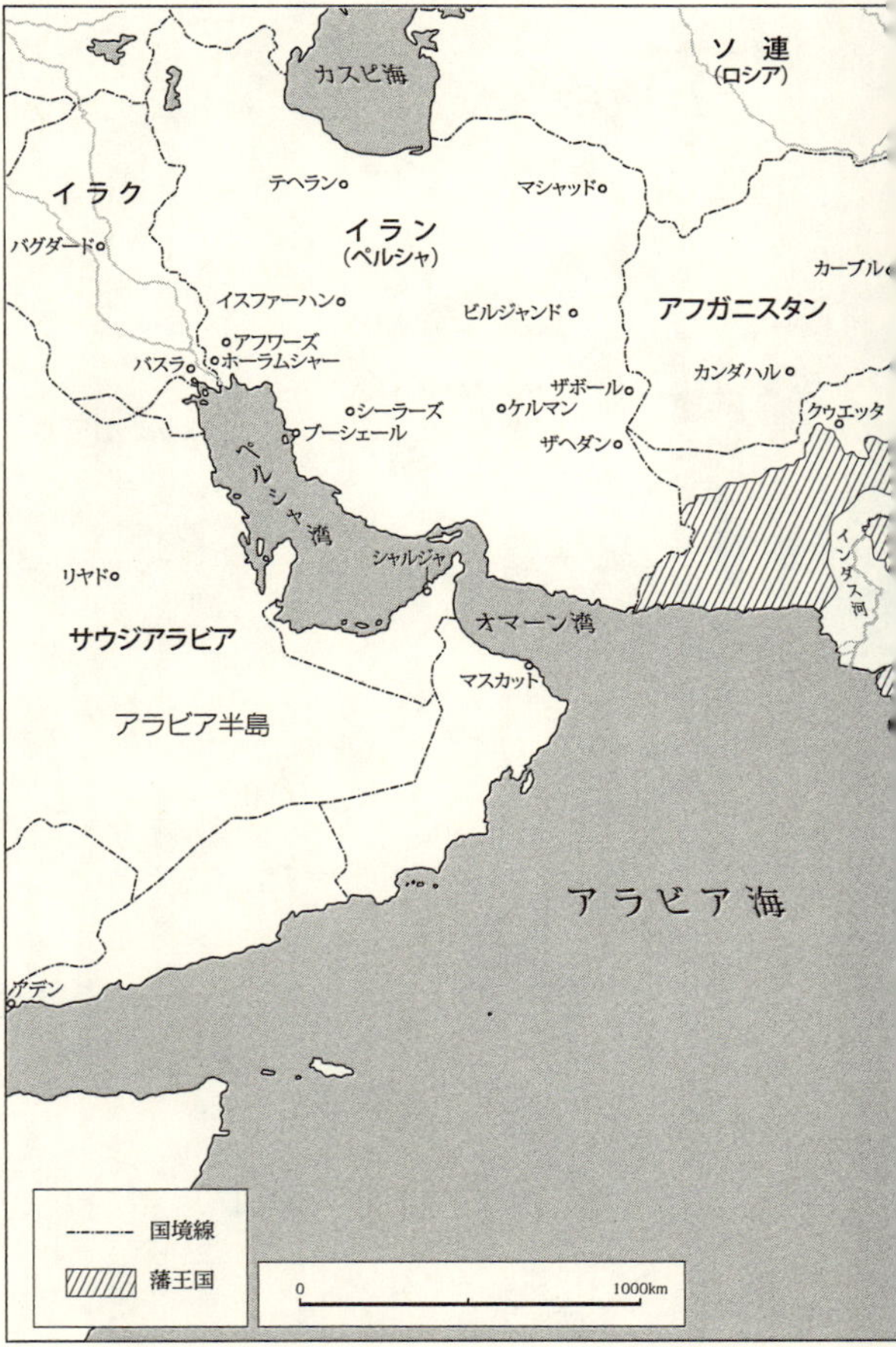

ソ 連
(ロシア)
カスピ海
イラク
テヘラン
マシャッド
イラン
(ペルシャ)
バグダード
カーブル
イスファーハン
ビルジャンド
アフガニスタン
アフワーズ
ホーラムシャー
バスラ
カンダハル
ザボール
シーラーズ
ケルマン
クウエッタ
ブーシェール
ザヘダン
ペルシャ湾
インダス河
シャルジャ
リヤド
オマーン湾
サウジアラビア
マスカット
アラビア半島
アラビア海
アデン
国境線
藩王国
0
1000km

イギリス東インド会社

軍隊・官僚・総督

はじめに

イギリスは一七五七年から一九四七年まで約二〇〇年間にわたって、インドを植民地として支配した。

植民地支配が長期間にわたったため、インドはさまざまな面で宗主国イギリスの影響を強く受け、他の植民地には見られないマイナスとプラスの遺産を受け継ぐことになった。負の遺産の代表は工業、農業の発展の遅れによる貧困をはじめとする経済的停滞である。

その一方において、イギリスは経済発展に不可欠の港湾、鉄道、道路、電力施設などの経済インフラに加えて、大学、官僚制、議会民主主義などの社会インフラを整備した。独立インドの経済発展のための初期条件は、他のアジア諸国に比べて恵まれていた。代表例をあげれば、イギリス人と同一の競争試験で有能なインド人を集めた官僚制である。第二次世界大戦後のインドの国際舞台での活躍を支え、途上国のなかで最初の開発計画（五ヵ年計画）を作った人材は、イギリス植民地支配下で育成されたのである。

日本のインド政治・経済史研究はインド・サイドに立ってなされたものが圧倒的に多く、イギリスの植民地支配は概して否定的に語られがちであった。しかし、インドが一九九〇年代に入って、経済の自由化を図り、持続的に高度成長を遂げ、新興成長国ＢＲＩＣｓ（ブラジル、ロシア、インド、中国）の一角を形成するようになった現在（二〇〇九年）、イギリス支配の残した正の遺産の見直しが必要になっている。言い換えれば、イギリスのインド支配を見直し、現在の高度成長につながるようにインドの歴史的発展を書き直すことが必要な時期に来ているのではないだろうか。

独立後、官僚統制経済が四〇年ほど続いたが、経済が自由化されてみると、植民地支配下での自由主義経済の経験が死に絶えていなかったことは明らかである。統制経済下でも株式市場は生き延び、一八七五年創立のボンベイ証券取引所は東京証券取引所よりも古い歴史を持つ。このような発展途上国は他にない。

本書はフランスやオランダと違った特色ある植民地支配がインドでどのようにして始められたかについて、イギリス東インド会社にさかのぼって考察することを目的としている。イギリスの東インド会社は、インドを植民地化し、イギリスによるインド支配の基本構造を作った重要な歴史的存在である。イギリス東インド会社の歴史は、一六〇〇年に商社として発足しながら、領土の支配者に変身し、一八五八年に実質上消滅したときには、商業的機能を持たない完全な植民地統治機関となっていた、と要約できる。

世界史を勉強された方なら、この会社について多少の知識は持っておられるであろうが、この会社の誕生から消滅までの通史となると意外に知られていない。日本におけるこの会社の研究者、研究業績は、その存在の大きさに比べると信じがたいほど少ない。

その規模と活動範囲では比較にならないほどに小さなオランダ東インド会社と比べても、日本では研究業績が少ない。オランダ東インド会社が長崎の出島に商館を持ち、日本との貿易を許された唯一のヨーロッパの会社だったということだけがその理由ではなさそうだ。

筆者の経験に照らして言うと、イギリス東インド会社の研究が少ないのは、その存在があまりにも大きく、全体像をつかみにくく、切り口が見つけにくいからではないだろうか。とくに会社がインドの支配者になってからは活動範囲が広がり、イギリス本国での活動と海外での活動の両方をカバーせねばならず、日本人研究者には荷が重い。インドとイギリスの両方について、政治・経済の知識を要求されるため、てっとり早く成果が出せないので、新規参入者が少ない。筆者がイギリス東インド会社に関心を持ちだした一九五〇年代末以来、日本では東インド会社に関する本は五本の指で数えられる程度しか出版されていない。

日本では、自国の研究が手薄な重要分野では翻訳書が出ることが多いが、この分野についてはB・ガードナーの『イギリス東インド会社』（リブロポート、一九八九年）が一冊翻訳されているだけである。世界的にはイギリス東インド会社に関する優れた研究書は少なくない。イギリスでは一九九八年にルートリッジ社からイギリス東インド会社に関する古典的な研究書五冊と代表的な論文を集めた論文集一冊のリプリント版が六冊本で出版されたが、一冊も翻訳されていない。珍しいことではないだろうか。

筆者はイギリスの植民地支配に興味を持ち、研究成果を『英国紳士の植民地統治――インド高等文官への道』（中公新書、一九九一年）、『大英帝国インド総督列伝――イギリスはいかにインドを統治したか』（中央公論新社、一九九九年）、『世界最強の商社――イギリス東インド会社のコーポレートガバナンス』（日本経済評論社、二〇〇一年）として発表してきた。しかし残念ながら、インドの植民地化の先兵を務めた東インド会社軍については、その重要性、ユニークさを知りながら、問題が大きすぎてなかなか取り組めなかった。

東インド会社によるインド支配に関する概説書を書くことを思い立ったものの、官僚制とともにイギリスによるインド支配の二本柱の一つであった、イギリス東インド会社の軍隊に関する知識が乏しく、あらためて勉強することになった。その結果、会社軍が領土の拡張、防衛で果たした役割を再認識し、商社から政府に変貌していく会社のダイナミズムと多面性に対する理解を深めることができた。わずかではあるが、その成果を本書に盛り込むことにした。

インドは経済、人口、軍事、地政学的位置からして、二一世紀の大国の一つになりそうである。インドはイギリスの支配下でも、インド周辺のイギリス植民地との関係を処理するセンターであり、植民地でありながら植民地を管理する特別な国であった。イギリスはインドを帝国の中の帝国として、独立国のように処遇し、インド人の大国意識をくすぐった。植民地支配下でも抑圧されなかったインドの大国意識は、今後ますます強まると思われる。統治の必要性からとはいえ、イギリスがインドの大国意識を助長したことは見逃せない。

第一章　商社の時代

一　イギリス東インド会社とは何者か

インド政府の起源

インド政府の起源はなにかと尋ねられても、正確に答えられる人は少ない。現在のインド政府の起源は、ヒンドゥー王朝でもムガル帝国でもなく、イギリスの特許会社であるイギリス東インド会社である。イギリス東インド会社は、ロンドンの商人たちがエリザベス女王（一世、在位一五五八〜一六〇三年）から授与された東洋貿易の特許状に基づいて、一六〇〇年（日本では関ヶ原の戦いがあった年）に設立した会社（組合）である。

特許状はロンドンと東洋（正確にはアフリカの喜望峰と南米のホーン岬の間）の貿易の独占を許可するもので、期間は一五年であった。貿易の独占といっても航路の独占であり、それを維持するにはアウトサイダーの侵入をみずから排除せねばならなかった。特許は神聖なものでも絶対的なものでもなく、会社のインド貿易独占はアウトサイダーによって絶えず脅かされた。国王も代がかわると、自分の収入を増やすために、前国王の出した特許状を反故《ほご》にすることが多かった。密貿易人は捕まると商品を没収され、国王と会社がそれを折半、取得した。しかし、これくらいの罰則では、アウトサイダーの出現は阻止できなかった。初期のイギリス東インド会社の特許は不安定なもので、一六九八年に新会社が認可されると二社の競合状態になり、一七〇九年に新旧両東インド会社が合併するまで安定しなかった。

多面性を持つ会社

イギリス東インド会社は日本人には分かりにくい組織である。それにはいくつかの理由があるが、その第一にあげられるのは、一六〇〇年の設立から一八五八年に役員会が廃止され、実質的に解散するまで（正式に解散したのは一八七四年）二五八年間も存在した長寿会社であるために、その間に会社の目的（業務）、組織、コーポレート・ガヴァナンス（企業統治）が変わってしまい、設立後一〇〇年と最後の一〇〇年では全く別の存在になっていることにある。最初の一〇〇年は商社であったが、プラッシーの戦い（一七五七年）で会社軍がベンガル太守軍を破ると、東インド会社はベンガルにおける領土の支配者になり、やがて全インドの支配者（政府）になっていった。「あらゆる面で一八世紀中葉から東インド会社の性格が変わった。会社は引き続きアジア貿易の独占を享受できたが、圧倒的に政治・軍事機関になった」（H・V・ボーエン）。

「インド史の最大のアイロニーの一つは、インドがイギリス政府でなく、民間人が所有する特許会社によって征服されたことである」（T・パーソン）と言われている。会社がどうして政府に変身することができたのか。その根拠となった会社の特許状から見ていこう。

国家主権を持つ特許会社

イギリス東インド会社が設立された当時のイギリス政府（国王）の力の及ぶ範囲は、国内に限られており、海外に出る船舶はみずから防衛するほかなく、会社の保有船舶も武装していたが、オランダ東インド会社（ＶＯＣ）のように当初から宣戦、講和、条約締結の権利は与えられていなかった。イギリス東インド会社が非キリスト教国に宣戦布告、講和をする権利を与えられたのは、一六五七年のクロムウェル特許状によってであった。

オランダでは商人が政治に参加していて、会社は当初から政府としての権利を与えられたが、イギリスでは政治はジェントルマンの専有物で、商人は政治に参加することは少なかったので、発言力が弱く、会社に必要な政府としての諸権利の獲得が遅れた。とは言え、東洋、つまり非キリスト教国においては、商業活動だけでなく、貿易拠点や商館を建設し、法律を制定し、統治する権限を与えられていた。

言い換えれば、特許会社は制限付きではあるが国家主権を持っており、占領地に政府を組織できた。一見すると、会社は当初から植民地を獲得し、それを支配するグランド・デザインを持っていたかのような印象を受けるが、一七世紀のイギリス東インド会社にはそのような野心も能力もなく、ライバルのオランダ東インド会社に圧迫されて、生き延びることに汲々《きゅうきゅう》としていた。

キャリー・トレード中心の輸入商社

そもそもイギリス東インド会社は東洋との貿易、それも香辛料などの東洋の物産の輸入を目的とした会社であった。貿易はコミッション（手数料）を目的とした仲介貿易でなく、自分で一〇〇パーセントのリスクをとるキャリー・トレードであった。キャリー・トレードは思惑が当たれば利益が大きかったが、外れれば在庫を抱え込み、倒産の危機に追い込まれるハイリスク・ハイリターンの商売であった。またイギリスだけでは輸入品がさばけなかったので、ヨーロッパやアメリカに転売した。お茶はイギリスよりアメリカの方が需要が多かった。

一七、一八世紀のイギリスにはアジア向けの輸出品が少なく、アジア貿易の収支は常に赤字で、会社は銀を持ち出すので、イギリス経済に貢献しない、と批判されていた。しかし、ヨーロッパ、新大陸への再輸出まで入れると黒字のことが多かった。

初期の東インド会社

発足時のイギリス東インド会社は法人としての資本を持たず、東洋貿易の独占権を与えられた個人で作る組合にすぎなかった。最初は一航海ごとに出資を募り、その都度清算がおこなわれた。第一次（一六〇一年二月出航）から第三次（一六〇七年四月出航）までの航海では一回に三〜五隻、総トン数一五〇〇トン程度しか船を出せなかった。

イギリス東インド会社は一六五七年のクロムウェル特許状で、ようやく株式が売買できる今日的な株式会社になった。一方、オランダ東インド会社は出資期間が一〇年で、資本動員力で他の国の東インド会社を圧倒していた。イギリス東インド会社が貿易額でオランダ東インド会社に追いつくには一〇〇年以上の歳月を要した。発足時には両社の間にそれだけのギャップがあったのである。

先発国——ポルトガルとオランダ

イギリスは東洋進出ではポルトガル、オランダに比べて後発であった。

ポルトガルはイギリス東インド会社が設立されたときには、すでに一〇〇年の東洋貿易の実績を持ち、長崎とモザンビークのソファラの間に四〇ヵ所以上の要塞と居留地を築いていた。ポルトガルはアジアの商船が武装していなかった時代に武装貿易方式をとり、インドのゴア（一五一〇年）、マレー半島のマラッカ（一五一一年）、ペルシャ湾のホルムズ（一五一五年）などを土着勢力から奪い取り、要塞を築いた。ゴアには最初の商館を設置、総督を駐在させ、キリスト教布教の拠点とすると同時にアジアの全商館を統括させた。

ポルトガルはインド洋貿易に不可欠の中継基地を支配することによって、イスラム教徒によるインド洋貿易の独占を打ち破ったが、アジアの香料貿易を独占するほどの力はなかった。ポルトガルは最先発国でありながら、本国の人口が少ないため、毎年の船員・兵士の補充が難しく、内陸に入り込めず、インドのゴア、中国のマカオなどの海港を支配するにとどまった。

オランダ東インド会社の商船（1693年）

オランダ東インド会社の設立は一六〇二年三月と、イギリスより遅い。しかし、有力商人たちはすでに一五九八年に二二隻を下らぬ船を、さらにその後の三年間に、その二倍近くの船を東洋に出航させており、彼らが大同団結して設立した会社は財政的に強固であるうえに、政府の支援があった。そのため国策会社の色彩が強く、調達資金はイギリスの八倍であった。イギリス人歴史家B・ガードナーによれば、資本金はイギリス三万ポンドに対してオランダ五四万ポンド、一六一〇年までに出した船は同じく一七隻に対して六〇隻で、オランダはイギリスを圧倒していた。船員の練度は高く、船は大型で、海運力ではポルトガル、イギリスを寄せつけなかった。

オランダは香料の産地であるモルッカ（マルク）諸島からポルトガルを追い出し、さらに香料の集散地であるマラッカをも押さえたので、アジアの香料貿易をほぼ独占した。オランダはポルトガル人の作った町を破壊し、オランダ風に作り変えた。その典型的な例をマレーシアのマラッカに見ることができる。後発のイギリスの参入阻止にも成功したので、一七世紀はオランダの黄金の世紀になった。

二　オランダ、ポルトガルとの競争

イギリス東インド会社のインドへの転進

イギリス東インド会社は香料の産地に割り込もうとしたが、先発のオランダに妨害され、進出できなかった。両国の間で香料の配分に関する協定が結ばれたこともあったが、両国が争っている状況下ではほとんど効力を持たなかった。

一六二三年にはオランダの要塞商館があるモルッカ諸島のアンボイナ（アンボン）で、オランダ商館襲撃を企てたかどでイギリス人一〇名、日本人九名、ポルトガル人一名が、裁判なしで公開処刑された。このアンボイナの虐殺事件はイギリス人に大きなショックを与えたが、イギリスはオランダの責任を追及するだけの軍事力がなく、外交ルートを通じて抗議するにとどまった。

この事件を契機に、アジアでのイギリスとオランダの対立はさらに激化、海軍力の劣るイギリスはスマトラ島のアチェン（アチェ）、ジャワ島のバンタム（バンテン）以外の東インド諸島からの撤退を決定した。イギリスはオランダとのスパイス戦争に敗れ、締め出されるかたちでモルッカ諸島、ジャワから撤退し、インドに向かった。イギリスは日本でもオランダの妨害にあって商売がしにくくなり、一六二三年に平戸商館を閉鎖、ふたたび来ることはなかった。

イギリス東インド会社のプリンセス・ロイヤル号(1770年)

インドへの転進は不本意であったが、香料貿易の道が開けないからには、インド綿布の輸入によって生きる道を模索するしかなかった。イギリス東インド会社は、結果的にはこの転進により、のちにインド市場を獲得、インドを支配することになる。しかし、当時はそのようなことは予想すべくもなく、イギリス人は敗北感にさいなまれた。

オランダは値段の高い香料貿易を独占したが、値段の安いペパー（胡椒）は、バンタム、アチェン、インドのカリカット（コジコーデ）でも入手でき、イギリスも取引を続けた。しかし、一七世紀を通じて香料がアジアからの最大の輸出品であったので、一八世紀初に綿布の輸出が香料をしのぐようになるまで、イギリスはアジア貿易でオランダを抜くことができなかった。

初期のインド貿易

イギリス東インド会社はすでに述べたように、最初は香料の輸入を目指したので、第一次航海ではアチェン、第二次航海ではモルッカ諸島、アンボイナに船を派遣した。インドには第三次航海ではじめて、三隻の船のうちの一隻であるヘクター号（三〇〇トン）が派遣され、一六〇八年八月二四日にインド西海岸のスーラトの港に入港した。ヘクター号はインドの港に入港する最初のイギリス船となった。

スーラトはインド最大の海港都市であった。ムガル帝国の海の玄関口であり、紅海、ペルシャ湾への貿易船だけでなく、メッカ巡礼船がこの港を利用することが多かった。関税収入のあがるスーラトは、地方行政から切り離されて特別行政区の地位を与えられ、要塞とタプティ河を管理する長官と税関長の二人の地方官が置かれていた。

貿易特権取得の失敗

スーラトに入港したヘクター号のW・ホーキンズ船長は、税関長を訪問、貿易許可と商館の建設許可を要請した。税関長は貿易許可は出したものの、商館建設には皇帝の許可が必要であるとしてそれを拒絶したので、ホーキンズは皇帝のいるアグラまで行くことになった。ホーキンズは、ムガル宮廷で話されていたトルコ語もでき、皇帝に気に入られ、いったんはジャハンギール帝から帝国内での自由な貿易と商館建設の許可を得た。しかし、ポルトガル人は自分たちに授与されなかった貿易特権がホーキンズに与えられたことに驚き、利害を同じくするインド商人と組んで皇帝に働きかけ、特権は取り消された。

ホーキンズは勅許取得のため、ムガル宮廷に三年近く滞在したが、使命は果たせなかった。オスマン・トルコ領で貿易をするイギリスのレヴァント会社は、トルコ皇帝からカピチュレーションと言われる政治・経済・外交上の特権（関税の免除、商館の建設、領事裁判権など）を授与されていた。同じイスラム教徒のムガル支配下のインドでもそれを獲得しようとして、会社は数人の特使や大使を送り込んだが、皇帝はこれに応じなかった。

イギリス東インド会社はレヴァント貿易の成功例にならって、インドでもカピチュレーションにこだわったが、ムガル帝国は、オスマン・トルコのように被征服民族が税金を納めればそれぞれのコミュニティーに自治を許すという統治方式をとらなかった。したがって、それをヨーロッパ人だけに適用することもなかった。この点では、中国もムガルと同じであった。

弱いムガルの海軍

ムガル皇帝はイギリス人に貿易特権は与えなかったが、さりとてイギリス人をインドから追放することはしなかった。スーラトでの商館建設の端緒を開いたのは、第六次航海の船団長のN・ミドルトンであった。ミドルトンは一六一一年九月二六日にスーラト沖に到着したが、税関長のムッカバル・カーンが商館建設許可の引き延ばしを図り、商売の邪魔をしたことに腹を立て、紅海入口のアデン沖でインド船を拿捕《だほ》した。

この海賊行為は期せずして、ムガル帝国の弱点である海軍力の脆弱性を露呈させることになった。スーラトを擁するグジャラート州の地方役人はイギリスの海賊行為に強い衝撃を受け、イギリスに対する横柄な態度を変えざるを得なかった。というのは、紅海の航行の安全が確保できなければ、イスラム教徒のメッカ巡礼に支障が生じるだけでなく、グジャラート商人の重要な収入源である紅海貿易ができなくなり、支配者としてのメンツが立たなくなるからであった。

ムガル帝国は広大な領土を支配していたが、海軍は弱体で、アラビア海の制海権はポルトガルに握られており、航行する船はポルトガルから通行許可証（カルタス）の発給を受けねばならなかった。ポルトガル人はイギリス人の進出に驚き、進出を阻止すべく、さまざまな妨害活動をおこなった。ムガル宮廷にはイエズス会関係者が深く食い込み、ムガル宮廷に派遣されたイギリスの大使や特使で、ポルトガル人による嫌がらせや妨害にあわなかったものはなかった。イギリス人は、ポルトガルのムガル宮廷での政治力には対抗できなかった。

スーラトへの進出

しかし海戦となると話は別であった。イギリスは一六一二年のスーラト沖におけるポルトガルとの最初の海戦以来、敗れることはなかった。ポルトガルはスーラトに入港したT・ベスト船長の率いる二隻の船を捕獲すべく、根拠地のゴアから船団を急派し、約二ヵ月間にわたって数回の海戦がおこなわれた。いずれの戦いも、砲手の技量に勝るイギリス側優勢で終わった。ポルトガルは一六一五年にも、スーラトに近接するスワリでN・ダウントンの船団を攻撃したが、撃退できず、イギリスのスーラト貿易参入阻止に失敗した。

ポルトガルはペルシャ貿易の拠点であるジャスク要塞の戦闘（一六二二年）でイギリスに敗れ、また翌年、ホルムズ海峡とケシュム島をめぐるペルシャとの戦争にも敗れ、インド洋の西の拠点を失った。その後、ともにオランダに圧迫されていたイギリスとポルトガルは抗争をやめて和解し、一六三五年に休戦協定に調印した。この協定調印後は、両者の間での戦闘はなくなり、関係は徐々に改善した。両国はアジアでオランダに対抗するため、協力することになった。アラビア海の制海権を握ったイギリスは、ポルトガルに代わって、一六三五年初めからインド船にパスポート・システムを導入した。

イギリス東インド会社は一六一三年に皇帝の勅許を得てスーラトに商館を建設したとされているが、皇帝の勅許と商館の建設年代については疑問を呈するインド人史家もいる。イギリスはスーラトを拠点に、内陸のアフメダバード、キャンベイ、バローダ、ブローチに商館を築いた。イギリスに帰国する船の多くがスーラトに寄港、インド綿布を持ち帰った。スーラトは一六八七年にボンベイ（ムンバイ）に取って代わられるまで、イギリス人の最大の居留地であった。

東海岸のマスリパタムに進出

会社がインドで最初に商館建設の許可を得たのは、インドの東海岸（コロマンデル海岸）のマスリパタム（マチリパトナム）であった。第七次航海のグローブ号のA・ヒポン船長は、一六一一年八月、貿易拠点を求めて東海岸を北上した。しかし東海岸では、すでに先発のポルトガルがサントメに、オランダがプリカットに商館を築いていたため、さらに北のマスリパタムまで行くことになった。ここでゴールコンダ王国の国王から商館建設許可を得た。

ゴールコンダ王国はのちにムガル帝国のアウラングゼーブ帝に征服されたが、当時はまだイスラム教徒の王の支配する独立王国であった。一六一一年、最初の商館が建設されると、マスリパタムは西のスーラトに並ぶ東の貿易拠点になった。

マスリパタムは綿布の集散地であった。東インド諸島に向かう船は、綿布購入のためここに寄港した。インド産綿布は東インド諸島で人気があり、現金よりも好まれたため、香料貿易の決済手段として必需品になった。インド産綿布はイギリス本国でも需要が伸びたので、会社の重要な収入源になった。

三　アウトサイダーの挑戦

特許状の効力

イギリス東インド会社は国王からインド貿易の独占権を授与されたが、すでに述べたように、それは絶対的なものでなく、自力で守らなければ効力がなかった。イギリス東インド会社の歴史は、成立当初から内外のライバルとの抗争の歴史であった。

外国のライバルはポルトガル、オランダであり、一七世紀後半にはこれにフランスが加わった。イギリス東インド会社は最終的に勝者になるが、それにはロバート・クライヴがベンガル太守・フランス連合軍を破るプラッシーの戦い（一七五七年六月）を待たねばならなかった。

イギリス東インド会社が最終的に勝者になるためには、外国のライバル会社だけでなく、内なる敵であるフリー・マーチャント、フリー・トレーダー、インターローパーなどと言われた、会社の貿易独占を脅かすアウトサイダーとの戦いにも勝利せねばならなかった。アウトサイダーは次から次へと現れた。さらに特許状の更新時、国王の交代時には、会社の独占に反対する勢力にも特許状が与えられ、競合状態になることが珍しくなかった。

私貿易人の実態

インド貿易は特許を持つ東インド会社の独占であった。例外的に、会社の社員と船員にもその報酬の不足を補うために、一定量の私貿易が認められるようになった。一七世紀には社員が最大の私貿易人であった。一六九八年にウィリアム三世（在位一六八九〜一七〇二年）が授与した特許状は、既成事実を追認するかたちで、東洋において会社の船長、士官、乗員に対して貿易許可を出す権限を会社に与えた。会社の船の船長は俸給と手当の他に、自分用の輸出入品を一定量積む権利を持っており、一航海で四〇〇〇〜五〇〇〇ポンドの収入を得た。三、四航海すれば、だれでも相当の財産を作ることができたと言われる。私貿易による収入が多かったので、船長のポストは売買された。

会社は一七世紀中葉までアジア域内貿易（カントリー・トレード）も積極的におこない、私貿易人による域内貿易の抑制に努めた。しかし、限られた資源（人材と資金）ではアジア域内貿易まで支配できないことが分かると、会社はそれを私貿易人に開放した。一八世紀のイギリスの私貿易と域内貿易はほとんど同義であった。

会社の居留地には会社の許可を得た、あるいは無許可の商人や船員が住み着き、域内貿易の担い手となっていった。彼らはフリー・マーチャント、フリー・マリナーなどと呼ばれるイギリス人資本家であり、経営者であった。彼らは会社の下請け、ないしは補完的仕事をしていたが、実力をつけて会社のインド貿易独占打破運動の中心となっていった。

最初のアウトサイダー、ミッシェルボーン

アウトサイダーの一例として、アウトサイダー第一号のミッシェルボーンのケースを見ておこう。

ロンドンの商人に特許状を授与したエリザベス一世は、第一次航海の船団の帰国を見ることなしに一六〇三年三月に死去した。

その後継者のジェイムズ一世（在位一六〇三〜二五年）は、東インド会社が二回しか船団を出さず、期待した税収が入ってこなかったことに立腹、エリザベス女王の特許状を無視して、一六〇四年四月、軍人のサー・エドワード・ミッシェルボーンに東洋遠征許可書を出した。彼はその年の一二月、みずから小型船に乗り込み、ジャワに向かった。船はバンタムの港に到着したが、そこで早くも海賊行為を働いたため、同じイギリス人の仕業ということで、会社の信用を著しく傷つけた。会社は特許の無視と不法行為について、枢密院に強く抗議したが、成果はなかった。

さらにミッシェルボーンはバンタムから、彼に与えられた勅許に含まれていないマレー半島のパタニに向かい、そこで日本人の海賊に襲われ、水先案内人と乗員の多くを失った。打ちひしがれて帰国した彼は、再度の航海はしなかった。

アサダ・マーチャンツ

ジェイムズ一世のあとに登位したチャールズ一世（在位一六二五～四九年）も、財政難のため、会社に一万ポンドの融資を要請したが断られ、一六三七年、融資に応じたグループに特許状を授与した。期間は五年で、対象地域は中国、日本、マラバール海岸（インド西南岸）、その他既存会社が進出していない地域であった。彼らは新規特許状に基づき、アサダ・マーチャンツとして知られる組織を作り、一五年ほど東洋貿易を続けた。

この新会社の船は第一次航海において、紅海でグジャラート人のジャンクを襲ったのをはじめ、行く先々で海賊行為をおこなった。機会があれば略奪を働き、長期的な通商関係や同胞のことに配慮しなかった。ムガル帝国のグジャラート州知事は、自国人の船がイギリス人に拿捕され、略奪を受けたことに激怒した。報復措置として、同じイギリス人の東インド会社のスーラト商館を包囲し、財産を没収、商館長を二ヵ月間拘留《こうりゅう》した。

会社は、アサダ・マーチャンツの海賊行為と、それによって会社がムガル帝国に報復されたことを、チャールズ国王に訴えたが、国王は取り上げなかった。チャールズ国王は新規特許によってライバル会社を作り出しただけでなく、議会からの財政的独立を図るべく関税を引き上げ、会社を困らせた。

内戦とクロムウェル特許状

イギリスでは一六四二年から国王派と議会派の間で内戦が始まり、四九年までに東インド会社、新会社ともに破産の危機に直面、両社の間で商圏の調整がおこなわれた。下院は一六五〇年一月、「東洋貿易は株式会社方式で一社がおこない、その会社は議会が適当と考える法律に基づいて管理する」ことを決議した。新会社は「東インド会社に迷惑と損失をかけながら、東洋貿易の発展には何ら実質的な貢献をしなかった」(W・フォスター) という結果に終わった。

国王派と議会派の内戦（一六四二～四九年）は、イギリスの経済活動を麻痺させたうえに、両派は東インド会社の特許を無視して、だれにでも貿易許可を出し、アウトサイダーをはびこらせたため、会社の商業活動は大きな痛手を受けた。東洋貿易への参入自由化は、だれの利益にもならず、すべてを傷つけた。

内戦は議会派の勝利に終わり共和政が成立、一六五三年にクロムウェルが護国卿《ごこくきょう》に就任した。彼は東洋においてオランダとポルトガルを打ち破ることの重要性、干渉なしに会社に貿易をおこなわせる必要性を認識していた。財政上の必要性もあって、会社が長年にわたって求めてきた諸権利を認める特許状を与えた。

一六五七年のクロムウェル特許状は、議会が与えた最初の特許状である。この特許状で、会社は今日的な株式会社になると同時に、アジアの土着権力に対する宣戦布告、講和などの権利も授与され、ようやくオランダ東インド会社と対等になった。

一六五八年のクロムウェルの死後、イギリスは王政復古をおこない、チャールズ二世（在位一六六〇〜八五年）が登位した。彼は会社による東洋貿易の推進者で、オランダ東インド会社との競争で会社を庇護し、会社の陳情を好意的に処理した。在位中に五回特許状を授与したが、登位直後に授与した最初の特許状では、エリザベス一世の最初の特許状に代わる一六〇九年のジェイムズ一世の特許状を確認したうえで、アウトサイダーの逮捕・送還権、民事・刑事裁判権、貿易保護のための武力調達権、宣戦布告権、講和権を与え、会社の立場を強化した。

増資の自由獲得と傭船制の導入

会社は新特許状により増資の自由を獲得したうえに、政府の支援も受けられるようになり、オランダとの戦争（一六六五〜六七年）、六五年のペストの大流行、六六年のロンドン大火などの困難を乗り越えて、繁栄の時代を迎えた。その繁栄は、七〇年に開始したインド・モスリンの輸入、これとほぼ同時期に始まったインド・シルク、染色キャリコの輸入に支えられていた。輸入繊維の増加は、貿易独占に対する批判に加えて、モスリンの輸入で打撃を受けるリネン製造業者など、繊維産業とその職人たちによる輸入反対運動という新たな政治問題を引き起こすことになった。

クロムウェル特許状は会社の経営にも大きな変化をもたらした。会社は船の建造と所有をやめ、事業に必要な船は傭船《ようせん》（チャーター）することにした。この政策は船舶投資経費を削減し、船舶保険市場の発展に貢献したが、会社の経営に強い発言力を持つ海運族（シッピング・インタレスト）を生み出すことにもなった。海運族は会社に独占的に船を貸与し、傭船料をつり上げ、海上輸送の競争力を弱めた。

私貿易人は会社の不当に高い運賃を批判、外国船を使用し、会社の貿易独占を実質的に崩していった。高運賃は大企業病の一つであり、みずから是正することはできなかった。

四　統一東インド会社の誕生

強力な新会社の出現

チャールズ二世のあとに即位したカトリック教徒のジェイムズ二世（在位一六八五～八八年）は議会と対立を繰り返し、ついに和解不可能になり、一六八八年一二月、国外に脱出した。この名誉革命後、会社を取り巻く環境は厳しくなった。国王と議会の力関係が逆転し、特許状の授与権が国王から議会に移った。議会にはインド貿易独占に反対する議員が多く、議会の独占問題調査委員会は、議会の合法的特許状に基づく新会社の設立を支持する報告書を提出したが、新国王ウィリアム三世は会社に三年間の猶予期間を与えずには解散させられないと議会に伝えた。

これに対して議会は、東インド貿易は全国民の利益になるように新しい会社がおこなうべきである、との決議を通過させた。そこで国王は枢密院と相談のうえ、旧会社の解散、資本金の七万ポンドへの増資、新メンバーを加えた新会社に二一年間有効な特許状を授与すると の妥協案を示した。東インド会社のジョサイア・チャイルド会長はこの妥協案を拒否し、政治工作によって、一六九三年、国王からジェイムズ二世の特許状（一六八六年）を確認する新特許状を獲得した。

しかし独占打破運動を、これで封じることはできなかった。反会社勢力はイギリス国王の特許侵害を回避して新会社を設立するため、スコットランド議会の特許に基づくスコットランド東インド会社の設立に動いた。東インド会社は新会社設立計画をつぶすべく、金を使って議会と宮廷に工作をおこなった。それが功を奏したのか、国王はイングランド国民がスコットランドの会社に投資すること、協力することを禁じた。こうしてスコットランド東インド会社の設立の目論見《もくろみ》はついえた。

競争、破産――統一東インド会社の結成

スコットランド東インド会社の設立は実現しなかったものの、インド貿易に参入しようとする会社はあとを絶たなかった。私貿易商の組織ジェネラル・ソサエティーは、財政難の政

府に東インド会社を上回る融資を申し出たため、議会は一六九八年、新会社（イギリス東インド会社）の設立を許可した。国王は新会社から二〇〇万ポンドの融資が受けられることから、喜んでこの法律を裁可した。

旧会社（ロンドン東インド会社）は特許期間が三年しか残っておらず、命脈尽きたかに見えたが、戦いを諦めなかった。経験ゆたかな船員、商館員がおり、海外に多数の商館を持っていたため、会社としての活動が続けられるよう国王に嘆願し、政治工作を続けた。それが功を奏し、一七〇〇年二月、存続が認められた。

こうして新旧二社が並立し、つぶしあいの競争が始まった。この時までに、東インド会社は国の存亡にかかわる巨大企業になっていた。もし両社が競争で共倒れになれば、イギリスは大きな政治的、経済的損失をこうむることは避けられず、政府は一七〇二年、二社の合併を決定した。旧会社（ロンドン東インド会社）は保有する一切の特許、権利、特権を新会社（イギリス東インド会社）に譲渡し、解散した。

こうして一七〇九年、統一東インド会社が誕生した。この会社は三二〇万ポンド（金利年五％）を国王に融資し、その見返りとして排他的貿易特権を獲得した。統一東インド会社の権利、特権の法的・制度的源泉は、一六九八年にウィリアム三世によって新会社に授与された特許であった。

統一東インド会社が誕生したものの、株主はロンドンの商人が中心で、ブリストル、ハルなどの地方商人は除外された。この新会社に入れなかった商人や、新会社の綿製品・絹製品などの輸入によって仕事を失うことになる職工らによる、貿易独占、インド繊維の輸入に反対する運動は続いた。こうした反対運動は、一八一三年にインド貿易が自由化されるまで終わらなかった。

統一会社による特許の安定

新旧東インド会社合併によって誕生した統一東インド会社は、資本金三二〇万ポンド、株主約三〇〇〇名の超巨大会社であった。運転資金は社債の発行で調達した。政府の社債発行許可額は、一七七四年において六〇〇万ポンドであった。毎年二〇～三〇隻の船をアジアに派遣し、年間売上額は一二五万～二〇〇万ポンドにのぼった。

会社の業績も一八世紀前半の四〇年間（一七〇九～四八年）は好調であったため、特許状の見返りに要求される政府への融資に容易に応じることができた。建前上、統一東インド会社の最初の特許状の有効期間は一八年であったので、政府から融資の返済がない限り、一七二六年以前に特許状を取り消される心配はないはずであり、特許の安定度は高まった。

それでも一八世紀前半には、特許状更新（現実には一七一一、三〇、四四年に更新されることになった）のたびにライバル商人グループによる会社の特許攻撃がおこなわれた。三〇年の更新に際しては、ブリストル、リヴァプールなどの地方商人から議会に更新反対の請願があったが、ウォルポール首相が会社擁護にまわり、請願は二三一対一三一で否決された。会社は特許状更新に際して、政府に二〇〇万ポンドを無利子で融資しただけでなく、政府への貸付金の金利を五パーセントから四パーセントに引き下げた。さらにオーストリア継承戦争中の四四年には、財政難の政府に対して、一〇〇万ポンドを年利三パーセントで融資、八三年までの特許状を獲得した。

政府の見返り要求と介入

政府と会社の間に、持ちつ持たれつの関係ができた。政府は会社にさまざまな特権を授与する一方、金銭的見返り（主として融資）を求めた。会社が一七六五年にインドで徴税権（ディワーニー）を獲得したときには、政府は、会社は国民の利益増進義務を負っているとして、毎年四〇万ポンドの納付金を義務づけた。

政府は融資・納付金のかたちで会社の利益配分にあずかったが、のちに会社が経営危機に直面し救済融資を始めるまでは、会社の内部問題に介入することはなかった。社員による不正蓄財が注目を集めた一七六〇年代末期から七〇年代にかけて、議会は会社のインド行政を調査し、会社が財政危機に陥ると、ノース首相は救済融資と抱き合わせでインド規制法（一七七三年）を導入、会社の内部問題への政府介入を恒常的なものにした。

一七九三年の特許状更新後は、一八五三年まで二〇年ごとに規則正しく更新されたが、議

フォート・セントジョージ（マドラス）

会は特許状更新のたびに会社のインド統治を厳しく審査し、会社の腐敗・堕落防止に努めた。そのかいあってか、オランダ東インド会社のように長期間にわたる粉飾決算の末に倒産する、といった結末をまぬがれた。

インドにおける貿易拠点の発展

ヨーロッパ諸国の東インド会社は、東洋の物産の輸入が主要な収入源であったため、会社の発展は商品の集荷・貯蔵のための貿易拠点の確立に大きく依存していた。商館の建設には金がかかり、大きな負担になった。オランダはモルッカ諸島に要塞化した商館を築き、香料貿易の独占に成功した。前述したように、モルッカ諸島に足場を築けなかったイギリスは、インド貿易に力を入れた。

そのインドにおいて、会社はムガル王朝の皇帝から帝国内に自由に商館を建設し、貿易をおこなう包括的な許可を獲得できなかったので、地方の支配者から個別的に商館設置の権利を獲得して、まずマスリパタム、スーラトに、その後マドラス（チェンナイ）、ボンベイに拠点となる商館を建設した。ムガル支配の及ばなかったマドラスは、三拠点のなかでは最も早く発展し、一六六〇年代から一七三〇年代はマドラスの黄金時代であった。その後、マドラスはベンガル（州都カルカッタ〔コルカタ〕）に最大拠点の座を奪われるが、この最も物産の豊富なベンガルへの進出は最後になった。その理由は、ベンガルは南西インド、南インドに比べてムガル支配が深く根を下ろしており、外国の商社が容易に入り込めなかったことにあった。

プレジデンシー・タウン

会社はインド西海岸では最初、スーラトに商館を置いた。スーラトの商館長はアフメダバード、キャンベイ、バローダ、ブローチなどの商館を管轄したのでプレジデントと呼ばれ、プレジデントの管轄する区域はプレジデンシー（管区）と呼ばれた。スーラトは最初のプレジデンシー・タウン（管区都市。管区の中心となる都市）になった。

スーラトはムガル帝国の最も重要な港湾都市でもあった。しかし、一六三〇年に西海岸地域からデカン高原一帯を大飢饉が襲い、何百万人もの住民が死亡した。加えて、マラータ連合の指導者シヴァジーの軍隊が、一六六四年と七〇年の二回にわたってスーラトを襲撃した。町はこの打撃から回復できず、会社は八七年、スーラトに見切りをつけて、ボンベイに西海岸のプレジデンシー・タウンを移した。ボンベイの商館は、籠城を想定して建設された最初の要塞商館であった。

内戦が日常化し、社会不安が続くようになると、インドで商売を続けていくためには武装し、自衛する以外になかった。商館は戦争の際の避難場所として、多くの人を収容し長期の籠城に耐えられる要塞であることが要求された。こうして貿易拠点のボンベイ、マドラス、カルカッタの商館は要塞化が図られ、これら三大都市はプレジデンシー・タウンとして発展した。

一八世紀前半の発展と繁栄

イギリスは一八世紀初めまでに、繊維製品貿易でライバルのオランダとフランスに対して優位を確立した。そして一七二〇年代には、統一東インド会社は売り上げでオランダ東インド会社を抜き、一八世紀を通じて世界最大の多国籍会社として発展した。とりわけ統一東インド会社の発足から一七五〇年までの四〇年余は、会社にとって恵まれた時期であった。国内的にはウォルポール長期政権（一七二一～四二年）の下で、政府との良好な関係を維持することによって特許を安定させ、評判と信用を高めた。会社は政府に対する主要な貸し手になり、会社の発行する社債は国債並みの信用を得た。また、オランダとの長期にわたる戦争が終結し、フランスとの関係も一七四四年まで平和が維持された。その結果、貿易は戦争に影響されることなく発展した。

インドにおいてムガル帝国の威信が低下の一途をたどるのと対照的に、会社の威信と信用は高まった。外国人が入り込みにくかったベンガルへの進出も、一七世紀末までに実現した。一六九七年にはカルカッタの要塞商館建設権を獲得し、その二年後にはカルカッタはプレジデンシー・タウンに格上げされた。ベンガルは綿布、絹、藍、硝石（火薬の原料）など特産品が多く、会社のインド貿易の中心になった。

一七四〇年代、五〇年代を通じて、インド向けの船を年に一七隻ほど派遣するまでに貿易量は拡大していた。少ないことで批判されていたイギリスからの輸出も、一七〇九年の五五万ポンドから、四八年には一一〇万ポンドに倍増した。イギリスからの主力輸出品は、依然としてウール生地と銅、鉄、鉛などの金属製品であった。貿易収支は一八世紀を通じて大幅な輸入超過が続き、インドに金銀地金が輸出された。

会社の繁栄は高配当をもたらした。一七〇九～四八年の期間、六～一二パーセントの配当が支払われ、無配はわずか二回であった。当時の政府の借入金利が三～四パーセントであったことから見て、配当は高率であり、会社の株式は安定した投資先であった。会社の株主の半数は女性であったと言われているが、これは会社株が安全な資産株として高い評価を受けていたためと思われる。

会社にとって一八世紀前半は平穏で繁栄の半世紀であったが、後半は大波乱・激動の半世紀となる。一七六四年のバクサルの戦い（会社軍とムガル皇帝・アワド太守・ベンガル太守連合軍の戦い。六一頁参照）の翌年、ムガル皇帝からベンガル、ビハール、オリッサの徴税権を獲得、巨額の税収を得たかと思うと、軍事費と行政費の急増で信用不安に陥り、政府の救済を仰がねばならなくなった。後半の五〇年に起きた変化は劇的で、会社は商社から領土の統治者に変身してゆく。

第二章　商社から領土の支配者へ

一　フランスの挑戦

遅れてインドに参入

イギリス人は貿易を目的としてインドに来たが、百五十余年後には軍事力を蓄積、戦争で在地勢力を打ち破り、領土の支配者になっていた。会社がなぜ巨大な軍事力を持つようになり、征服を重ねていったかについては、一般に二つの理由が指摘されている。

一つは、アウラングゼーブ帝死後のムガル帝国崩壊と、それを加速する在地勢力同士の戦争である。ムガル帝国の崩壊については、帝国が崩壊し始めたのでヨーロッパ勢力が入ってきたのか、ヨーロッパ勢力が入ってきたために崩壊が始まったのかで、見方が分かれる。

もう一つは、ヨーロッパ諸国間、特に英仏間の戦争である。フランスはアジア貿易への参入では、ヨーロッパ諸国のなかで最後発であった。最初のアジア貿易船二隻を出したのは、一五〇三年と早かったが、難破したのか、アジアに到着しなかった。その後一〇〇年ほど、フランスはアジア貿易に参入しなかった。

オランダとイギリスの東インド貿易の成功を見て、一六〇四年に特許会社を設立したが、大した成果を上げられなかった。四二年にリシュリュー枢機卿がインド会社を設立したが、この会社はすぐに破産した。六四年に、ルイ一四世の大臣コルベールがインド貿易のため、資本金六〇万ポンドの東インド会社を設立する。海運後進国のフランスが、オランダ、イギリスにキャッチ・アップするためには政府の強力な支援を必要とした。

フランスは国策会社

フランス東インド会社は国策会社として発足したため、会社の経営は商業原則だけでなく、国家の政策にも従わざるを得なかった。会社の株主の多くは貴族で、プロテスタントは株主になれなかった。会社の役員と監査役の任命は、一七二三年以降、国王がおこなった。増資と社債の発行が、イギリス、オランダの会社のように自由にできなかったため、資本基盤を拡大できず、資本需要が発生すると政府からの借り入れに頼った。

フランス会社は一六六八年にスーラトに商館を建設したのを皮切りに、マスリパタム（一六六九年）、ポンディシェリー（プドゥッチェーリ、一六七四年）、シャンデルナゴル（チョンドンノガル、一六九二年）に商館を建設した。フランスが短期間に貿易拠点に商館を建設できたのは、アウラングゼーブ帝がイギリス嫌いで、フランスの進出に肩入れしたことによるところが大きい。またイギリス国内では、フランスが最初にスーラトに商館を建設した時、警戒の声があがったが、チャールズ二世は内戦中フランスで亡命生活を送ったこともあり、親仏的で、フランスに対する敵対行動を支持しなかった。

フランス会社の出足は好調であったが、一七世紀末までに経営不振に陥った。それは後発ゆえの商館員の経験不足、能力不足という内的な要因と、戦争という外的要因によるものであった。ルイ一四世は一六六〇年代後半から、イギリス、オランダ、オーストリアと断続的に戦争し、インドにあるフランスの商館はオランダとイギリスの攻撃を受けた。ポンディシエリーの商館は、九三年にはオランダに占領され、その支配下に置かれた。もっともオランダは和平が成立すると、要塞を破壊せずにフランスに返還した。

フランスの敗退

フランスのアジア貿易は、イギリスと同じように、インド貿易中心であった。P・J・マーシャルによれば、その貿易量は一七二〇年代にはイギリスのおよそ半分であったが、三〇年代末から四〇年代初頭にはイギリスに肉薄するまでになった。しかしその後、インドにおけるイギリスとの抗争に敗れると、フランスはイギリスに引き離されていった。

イギリスとフランスはインドの覇権をかけて、一八世紀に三回戦争をした。戦場となったのが南インドのカルナーティック地方であったため、インド史においてはカルナーティック戦争と呼ばれている。第一次戦争（一七四四～四八年）はオーストリア継承戦争（一七四〇

〜四八年）での英仏対立の結果であった。第二次戦争（一七五〇〜五四年）はインドでの宣戦布告なき戦い。第三次戦争（一七五八〜六三年）はヨーロッパでの七年戦争（一七五六〜六三年）に伴う戦いで、この戦争でインドにおけるイギリスの優位が確定した。インドにおけるイギリスの優越権は、一七六三年のパリ条約で確認された。フランスは以後、インドでイギリスに正面から挑戦することはなかった。

二　ベンガルでの領土獲得

会社のベンガル進出

ムガル帝国は最後の大帝アウラングゼーブが一七〇七年に死去した後、統率力のある皇帝が出現せず、急速に求心力を失い、崩壊に向かった。地方の支配者は、イスラム教徒、ヒンドゥー教徒を問わず独立性を強める一方、皇帝は収入も軍事力も失い、インドは群雄割拠の時代に突入していった。

ベンガルは南インドに比べてムガル帝国の支配が浸透していたため、イギリス東インド会社の前に立ちはだかる壁は厚く、進出に手間取り、ベンガルにプレジデンシーが成立するのは一六九九年と、三プレジデンシーのうちで最も遅い。ムガル帝国が事実上崩壊した後、ベンガルではムガル時代の州知事、すなわちナワーブ（太守）が支配者になった。興味深いことに、会社は進出が遅れたベンガルで最初の広大な領土を獲得した。

ベンガル太守は世襲であったが、一七四〇年、ビハールの大蔵大臣であったアリーワルディー・カーンが、太守のサルファラズ・カーンから権力を簒奪《さんだつ》した。そして権力の座に就くと、力による統治をおこない、南インドの二の舞を恐れてイギリス人を警戒、領内での活動を制限した。彼の死後、二〇歳の孫のシラージュダウラーが太守の地位を継承したが、彼もイギリス人嫌いで、会社と衝突することになった。

武力衝突は、シラージュダウラーが会社に対して、会社が無許可で要塞化したカルカッタの商館の取り壊しと、会社に認めたダスタック（商品の流通諸税免税表）を悪用して脱税をした現地人の引き渡しを要求したことが発端になった。会社はそのいずれも拒否したため、彼はこれを口実に、ベンガルからのイギリス人追放の挙に出た。太守はフランスにも要塞取り壊しを命じたが、フランスは命令に従ったので難をまぬがれた。

シラージュダウラー

ベンガル太守による商館占拠

太守はまず一七五六年六月初めに、カシムバザールのイギリス商館を包囲攻撃し、商館員を殺害し、あるいは捕虜にした後、三万の軍勢を率いて一六〇マイル下流のカルカッタに向かった。

カシムバザールの商館陥落の報は、太守の軍隊がまだカルカッタに向けて進軍中に、カルカッタの商館フォート・ウィリアムに届いた。商館は大急ぎで攻撃に備えるとともに、救援軍の派遣を要請する使者をマドラスに急派した。

太守の軍勢は六月一六日、カルカッタに着き、要塞に対して砲撃を始めた。商館側は大軍に抵抗できないことを初めから認め、商館長をはじめ多くのイギリス人は夜陰にまぎれてフーグリ河に停泊していた四隻のイギリス船に分乗して脱出した。残ったイギリス人一四六名は、四日後の六月二〇日に降伏、開城した。イギリス人は西洋式の要塞がインド軍によって攻略されるとは想像もしていなかったので、大きなショックを受けた。

フォート・ウィリアム（カルカッタ）

フォート・ウィリアムが太守軍によって攻略されたという知らせは、八月一六日、マドラスに届き、商館会議が急遽《きゅうきょ》招集された。しかし、救援軍の派遣は容易に決断できなかった。というのは、ベンガルに兵を割けばマドラスの防衛が手薄になり、フランス軍に攻撃される恐れがあるためで、四週間も議論してようやく救援軍の派遣を決定した。

クライヴによるカルカッタの奪還

一〇月一六日、ロバート・クライヴ中佐らの率いるヨーロッパ人九〇〇名とセポイ（スィパーヒー。インド人傭兵《ようへい》）からなる救援軍が、五隻の船に分乗してマドラスを発進した。クライヴは文官から転向した軍人で、優れた戦歴を持っていた。船は翌一七五七年一月二日、フーグリ河口に到着、救援部隊はカルカッタに向けて進軍し、太守軍の抵抗を受けることなく町を奪回した。

会社軍はフーグリ河をさらに遡上し、川沿いの太守の要塞を攻撃、城と倉庫を破壊した。太守はイギリス軍の力を見せつけられ、屈辱的条件で和睦した。太守は会社の財産を返還、商館の自由な要塞化を認め、硬貨の鋳造権も授与した。イギリス人はベンガル、ビハール、オリッサから無税で輸出する権利も獲得した。

さらにクライヴはマドラス商館会議の帰還命令を無視して、フランスのシャンデルナゴル要塞を攻撃した。一一日間で攻略に成功したが、要塞から脱出したフランス人は太守の下に走り、ベンガル太守・フランス連合軍を生み出すことになった。クライヴはベンガルでの商売は太守の好意に依存していることを承知していたので、太守との友好関係には気を遣いながらも、戦争は避けられないと読み、ひそかに戦争の準備をした。

兵力の差が大きく、正規戦では勝ち目がなさそうであったので、クライヴは敵方の分裂を利用する策略をめぐらした。太守の家臣でありながら、太守の追い落としを狙っているミール・ジャファルに接近し、密約を結んだ。戦勝の暁《あかつき》には彼を太守の座に就ける代わりに、さまざまな特権と報酬を会社側に与えることを約束させた。

インドの植民地化に道を開いたプラッシーの戦い

イギリス・インド関係史において決定的な重要性を持つイギリス軍とベンガル太守・フランス連合軍の決戦は、雨季入りしたばかりの一七五七年六月二三日、カルカッタ北方八〇マイル（約一三〇キロメートル）のプラッシーで戦われた。軍事的天才と言われたクライヴの率いるイギリス軍は、総勢三〇〇〇人（三分の二はセポイ）、迫撃砲一門、六インチ砲八門で、五万の太守軍と雨のなかで対決した。兵力的には太守軍が圧倒的に有利であったが、インドでの戦争経験の豊富なクライヴは、巧みな調略によって、太守軍に完勝した。

太守軍は味方の裏切りによって混乱に陥り、戦いらしい戦いをせずに敗走した。太守は四日後に捕虜になり、殺害された。大軍が動員されたにもかかわらず、戦闘自体は小競り合い程度のものであった。戦死者はイギリス側七人、太守側一六人で、負傷者もわずかであった。この小競り合い程度の戦闘が、その後のインドの歴史の流れを決めることになるが、当時はだれもそのことに気づく由もなかった。

クライヴは約束通りに、太守を裏切ったミール・ジャファルを太守の座に就け、その見返りに多くの特権を会社のために獲得した。クライヴ自身もカルカッタの南の地域、二四パルガナ（パルガナはディストリクト〔行政単位〕の一つ）をジャギール（封土《ほうど》）として贈与された。クライヴはこの土地を会社に貸し、地代を受け取ったため、のちに裁判で糾弾されることになる。

　会社の役員会はクライヴの功績を評価、一七五八年、ベンガル知事（governor）に任命した。しかしクライヴは長年のインド勤務で健康を害したので、二年間勤めただけで知事を辞任し、六〇年二月五日、帰国の途に就いた。インドから三〇万ポンド余の資産を持って帰国、インド成金（ネイボッブ）がよくやるように、所領を買い、故郷のシュルーズベリーから下院入りを果たした。

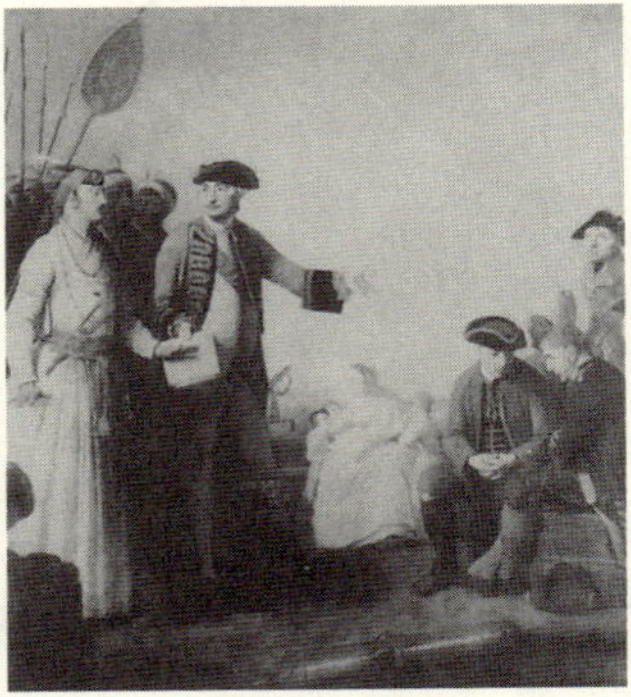
ミール・ジャファルとクライヴ

　イギリスでは、プラッシーの戦いの勝利の意味は直ちには理解されなかったが、クライヴが帰国する頃には、その価値が認められるようになっていた。クライヴは時の英雄として国民に歓迎され、国王ジョージ三世に謁見を賜り、その折に持ち帰ったダイヤモンドを献上している。さらに戦勝の功績によりアイルランド貴族に叙せられ、バース勲章も授与された。彼はこの時、栄光の頂点に立っており、のちにネイボッブの巨魁《きょかい》として世間の非難を浴びるとは想像もできなかった。

会社、ベンガルの支配者へ

一方、インドでは会社が太守の任免権を握るようになると、政府ポストに野心を持つインド人が社員に金品を贈るのが日常茶飯事になった。会社は一七六四年、社員がインド人から金品を受け取ることを禁止する最初の通達を出したが、社員を統御できる人物はおらず、通達を守らせる手段もなく、通達は無視された。

現地では社員の綱紀を粛正し、腐敗を防止できる人物を必要としたが、適当な人物がいなかった。会社はクライヴに再度のインド行きを懇請し、彼のためにベンガル知事兼軍司令官のポストを用意した。クライヴ自身は三つのプレジデンシーを総攬《そうらん》する総督（governor-general. 総督については第七章参照）になることを期待していたので、新ポストに失望したが、会社の要請は受諾した。クライヴは総督になることはなかったが、その功績のゆえに、インド統治史においてはしばしば初代総督の扱いを受けている。

クライヴの帰国中に、ベンガルの政治事情は大きく変わっていた。クライヴが後事を託したヴァンシタートはミール・ジャファルを追放、ミール・カーシムを太守に据えた。彼はミール・ジャファルよりも気骨があり、会社のダスタック濫用に対して強い態度に出た。会社は皇帝から授与された勅許に基づいて、二・五パーセントの内国税の免除特権を与えられていたが、ダスタックを会社のためだけでなく、社員の私貿易用、さらには下請けのインド人にまで発給したため、社員の不正蓄財の主要な手段として利用されていた。

ミール・カーシムは、不公平な競争にさらされるインド人商人の抗議と、自分自身の収入の減少のため、ダスタックの濫用中止を会社に申し入れたが、聞き入れられなかったので、ダスタックを全廃してしまった。これは、ダスタックの不正利用で収入を得ていた社員にはこたえた。パトナ商館長のウィリアム・エリスは怒り、一七六三年、パトナ市を占拠しようとして太守軍と戦争になり殺害された。パトナでは商館員は捕虜にされ、八八名が殺害された。会社は太守軍討伐のため、ヘクター・マンロー少佐をパトナに派遣したが、ミール・カーシムは隣国のアワドに逃げ込み、イギリス軍はアワドを攻撃した。

ミール・カーシムは、アワド太守、ムガル皇帝シャー・アーラム二世と盟約を結んで、会社軍と戦った（バクサルの戦い）。会社軍は八一六名の戦死者を出しながらも、アワド州の州都アラハバードを占領し、連合軍は一七六四年一〇月二二日に降伏した。

ベンガルの徴税権の獲得

クライヴは翌六五年五月に着任すると、戦争の後始末に取り組み、その年の八月、ムガル皇帝シャー・アーラム二世とアラハバード条約を締結した。ムガル皇帝はこの条約で会社の支配を追認するかたちで、ベンガル、ビハール、オリッサの徴税権を会社に与えた。会社は占領中のコラとアラハバードを皇帝に返還、徴税分のうち二六〇〇万ルピーの貢納を皇帝に保証した。徴税権の授与は法律上ではないにしても実質的な主権の授与であったため、会社は名実ともにインドの支配者の一つにのし上がった。

会社は商社でありながらインドの諸侯の一つになり、戦争によって領地を拡大し、やがて全インドの支配者としてインド史上最大の領土を統治することになる。全インド支配、すなわちインド帝国建設への道は、プラッシーの戦いの勝利、その八年後のバクサルの戦いの勝利による徴税権の獲得によって開かれた。

クライヴに徴税権を授与するシャー・アーラム２世

初期のインドでの戦争と本国の関与について、H・V・ボーエンは「会社の初期の戦争は予期できたものでも、イギリスで計画されたものでもない。ウェルズリー総督の下での領土拡張の波は相当な抵抗に遭いながら進められた」と評している。本国で現地事情を把握するのが難しい状況では、野心的で好戦的な総督の行動を規制するのは難しく、問題が大きくならない間は警告を発しながらも総督の裁量に任せ、重大な敗北をこうむるとすかさず本国に召還した。これがもっとも多用された総督管理法であった。

職　階	勤続年数	年俸（ポンド）
ライター	5年	5
ファクター	6〜8年	10
ジュニア・マーチャント	9〜11年	30
シニア・マーチャント	12年以上	40
ガヴァナー（プレジデント）		300

表1　プラッシーの戦いの前の社員の給与
（出所）P.J. Marshall, *East Indian Fortunes,* Clarendon Press, 1976.

三　社員の不正蓄財

インド成金と社員の私貿易禁止問題

東インド会社の社員の給与は、株主に対する配慮から伝統的に低く抑えられてきた。表1はプラッシーの戦いの前の社員の給与表である。これ以外に住宅、食事、使用人、洗濯、その他の手当などが支給されたため、年収は最下級社員（ライター）で三〇〇ルピー（三〇ポンド）になったが、イギリス人の必需品の価格は本国の倍以上であったので、社員に許された私貿易抜きには生活が苦しく、ましてや貯蓄はできなかった。社員の給与は私貿易を前提に安く抑えられていたと言った方が適切であろう。

社員の私貿易、権力を利用した不正蓄財が話題を集めたベンガルでは、「不正をしない人間は蠟燭《ろうそく》代と夕食を節約するため、日が暮れるとすぐに就寝する」（G・D・オスウェル）生活を送らざるを得なかった。

ベンガル勤務の社員たちは、権力を利用した資産形成が可能になるとそれに走ったため、社員の腐敗・不正は本国の議会で厳しく糾弾されるようになった。議会は社員の不正蓄財について独自の調査をおこなった。一七六七年の議会調査によれば、社員は一七五七年から六五年の間にインド人から総額二〇〇万ポンド以上の金品を受け取ったという。インドで作った資産を本国に持ち帰り、会社の株を買って役員になり、腐敗選挙区から国会議員に出るネイボッブが続出した。インド成金は社会現象として注目を集め、「ネイボッブ」という芝居まで上演された。

日本にはフリー・トレーダーがネイボッブであると主張する研究者がいるが、これは誤解である。ネイボッブは会社の権力を濫用して蓄財した社員のことである。現代流に言えば公務員の汚職であり、それゆえに議会で糾弾されたのである。フリー・トレーダーは早くから活躍していたが、「一七六〇年代までインドでのイギリス人の活動が議会で問題になることはなかった」(H・V・ボーエン)のである。一七六九年以降、徐々に公務の観念が形成され、ピットのインド法(一七八四年)では汚職を犯罪と規定した。

インド行きの希望者が急増

社員の綱紀粛正のために、役員会からカルカッタにベンガル知事兼軍司令官として派遣されたクライヴ自身、ネイボッブであったが、彼は私貿易放棄を宣言、みずから範を垂れた。

しかし、全社員の私貿易を一挙に廃止することは抵抗が大きくてできず、そこで減収補償を図りながら進められた。

カウンシラー（現地の最高意思決定機関、カウンシルのメンバー）をはじめとする幹部社員には、過渡的措置としてグループによる私貿易を認めた。カウンシラーの私貿易は一七七三年のノースの規制法で禁止されたが、その代償として年俸が一万ポンドに引き上げられた。他の社員の給与も、私貿易や不正をしなくても身分相応の生活ができるだけの水準に増額された。のちにＩＣＳ（Indian Civil Service＝インド高等文官）は高給で有名になるが、それはこのような歴史的経緯から生まれたものである。ＩＣＳでなければ就くことのできないポストは一七九三年法で規定され、一八六一年インド高等文官法で修正された。一八五三年までＩＣＳの任命権は本国の役員会が握っていたが、役員会はインドでの昇進には関与できなかった。

ネイボッブの評判が立つと、インド行きの希望者が急増、役員は圧力を受けて社員（ライター）の政治的採用をおこなった。初代総督のＷ・ヘイスティングズ（在任一七七二～八五年）は社員出身であったため、会社関係のしがらみで会長や役員の要求を断り切れず、最初はポストを作って受け入れた。彼は人員削減に取り組まざるを得なくなると、一七八五年に退職金制度を導入、余剰人員のリストラを促進した。イギリスに帰国すれば、シニア・マーチャントは年俸一四〇〇ポンドの半分を三年間、ジュニア・マーチャントは年俸九六〇ポンドの半分を三年間支給された。これが年金の始まりとなった。金銭と賜暇《しか》に関する規程は、一七九三年特許状で制度化された。

コーンウォーリス総督によるインド行政の改革

会社の改革と不正の根絶を実現したのは、第二代総督となったコーンウォーリス（在任一七八六〜九三、一八〇五年）であった。彼は貴族出身で社会的地位が高いうえに、総督就任にあたって、W・ヘイスティングズには与えられなかったカウンシルでの拒否権を授与されていたので、他のカウンシラーの反対を押し切って、大胆に改革を進めることができた。

コーンウォーリスは、会社の現地業務を商務と行政の二部門に分割、社員はそのいずれかに所属し、両方を兼務することはできなくした。行政部門の社員は、今日的意味での行政官になるべく、商活動は禁止された。最も重要な徴税業務はインド人に委託し、イギリス人が監督するようになった。P・メイソンは、カウンシラーのH・ヴァレストがイギリス人による徴税監督システムを全ベンガルとビハールに適用した一七六九年をもって、ICSの始まりの年としている。

一方、腐敗のひどい商務部門では、秘密調査で不正を摘発、悪質な社員を処罰し、一七八八年末には商務部から不正を一掃した、と宣言した。一七八〇年代になると、社員の不正は給与の増額によって防ぐことができると考えられるようになり、コーンウォーリスはICS

の給与を増額した。

イギリス東インド会社のように特許会社の社員が官僚になった例としては、規模は比較にならないほど小さいが、ロイヤル・ニジェール会社、イギリス東アフリカ会社があげられる。

第三章　ベンガルの支配者から全インドの支配者へ

一　会社経営における商業原則の後退

税収の取り分をめぐる本国政府と株主の争い

ベンガルでの会社の徴税権獲得は、インドにおける会社の活動の性格・方向・目的を根本的に変えることになった。領土の所有者となり、徴税をおこないだしたことにより、「一七世紀以来の会社の存在を支配してきた商業原則が崩れた」（P・ローソン）。会社の経営に商業原則以外の原則が持ち込まれ、会社の経営は方向性を失った。役員会は「我々のビジネスは商売であり、戦争ではない」と言いながらも、会社は商売と戦争をする双頭のモンスターになり、戦費の増加で商業利益まで食いつぶされるようになった。

クライヴはインドの税収について、一七六五年九月に、ベンガルから役員宛ての公信のなかで来年は一六五万ポンドの純益を得ることになろうと見積もり、友人宛ての手紙では四〇〇万ポンドを下らぬ税収を期待できる、と誇らしげに書いている。翌年四月、税収のニュースがロンドンに伝わると、会社の株価は一年間で倍近く高騰し、安定株から投機株に変わったと言われた。

インドで売れるイギリス産品が少なかったため、イギリス本国からインドへの輸出は、一七〇八～六〇年において、総輸出の約七五パーセントが金銀地金であった。株主たちは税収が想定通りにあれば輸入代金支払い用の金銀地金の輸出が必要なくなると考えたので、税収にかける期待は大きかった。

おおかたのイギリス人は税収四〇〇万ポンドに確かな根拠があったわけではないのに、数字だけが独り歩きし、会社関係者のみならず一般人も過大な期待を抱くようになった。税収の分配にあずかるべく、株主は増配を、政府は納付金を要求した。統治に伴う民事・軍事支出は、ベンガルの徴税権獲得以前の年平均約三〇万ポンドから、一七七〇年には二七〇万ポンドに急増したが、当時そのような経費の増加を予想した人はいなかった。ベンガルの財政収支は悪化し、イギリスから金銀地金を輸出する必要がなかったのは、一七六六年度以降の数年度だけであった。

会社は一七六七年五月の株主総会で、株主への配当金の一二・五パーセントへの引き上げと年四〇万ポンドの政府への納付金の支払いを決定した。議会ではこの増配に反対する意見が多数を占め、六月に配当と株式の分割を制限する法律を制定した。その二年後、大蔵省と役員会の間で妥協が成立し、会社は年四〇万ポンドを政府に納付することを条件に、配当を年一パーセントずつ一二・五パーセントまで引き上げることを認められたが、一方で配当が六パーセント以下になると納付金を免除されることになった。

増配から一転して信用危機へ

会社は毎年三月と九月に輸入品の競売をおこなったが、一七七二年三月の競売は売り上げが予想を下回り、現金不足に陥った。会社の財政委員会は、七月一五日、イングランド銀行に四〇万ポンドの融資を申し込み、承諾された。しかし、二週間後に要請した三〇万ポンドの追加融資については、ロンドンの商業銀行が一〇行も営業停止をする信用不安の最中であり、担保限度額の二〇万ポンドしか認められなかった。

会社の信用危機は周知の事実になり、役員会は政府に未払い関税二〇万ポンドと九月に支払うべき納付金二〇万ポンドの支払い延期を要請し、認められた。さらに一七七三年八月までに一二〇万ポンドに達する対政府債務を政府の会社に対する融資返済で相殺すること、社債発行による資金調達権を会社に付与することを要請した。ノース首相はこのような要請は議会の審議になじまず、かえって会社の債権者の信用を弱めるという理由で拒否した。

ノースのインド行政改革

四〇〇万ポンドの税収を獲得する見通しの下に、年四〇万ポンド納付を政府に約束し、一七七一年三月には配当を一二・五パーセントに引き上げた会社が、一年余りで破産寸前まで追い込まれるという信じがたい事態が起きた。政府はこれまで、会社の内部問題への介入は、私有財産である特許権の侵害になり、政治問題化することをおそれ、会社経営に関する知識の不足もあって、できる限り避けてきた。しかし、会社がかつてない財政危機に直面した今、倒産させるには会社の規模が大きくなりすぎており、国民経済への影響も計り知れず、政府は救済に乗り出さざるを得なかった。

議会は一七七二年一二月二九日、会社の配当を六パーセントに引き下げる法案を通過させた。それによって年約二〇万ポンドの配当金が節約できた。同時に年四〇万ポンドの政府納付金も免除された。配当の引き下げにもかかわらず、心配された株価の暴落は起きず、会社は倒産をまぬがれ、経営改革をさらに進めることになった。

会社は下院に一五〇万ポンドの融資嘆願書を提出した。ノース首相は融資の代償として、内外での会社の改革を求めた。本国においては、会社の構造的欠陥を是正するため、(1)役員任期の二年から四年への延長と、(2)株主の投票権の最低単位の変更（株式五〇〇ポンドから一〇〇〇ポンドへの引き上げ。一〇〇〇ポンド一票、三〇〇〇ポンド二票、六〇〇〇ポンド三票、一万ポンド以上四票）をおこなった。

(1)は任期を延長することによって、役員の執務能力を向上させることを目指したものである。これまで任期を短くし、役員の入れ替えを促進していたのは、役員希望者が多かったからである。後述するように、役員は社員推薦権を持つゆえに多くの役得があった。(2)は大株主による株式の分割、すなわち投票権の拡大を制限し、大株主の影響力を制限することを意図したものである。

インド行政においては、政府の監督権強化措置として、ベンガルに全インドを総攬する総督を新たに置き、総督と総督を補佐する四名のカウンシラーの任命権は役員会に残しながら、実質的に政府が任命した。こうしてイギリスからのインド行政の監督全般は、総督とカウンシラーを通じておこなわれることになった。

現地の最高責任者である総督に大きな権限を与え、現地の判断で重大な決定をおこなうのはインド統治の慣行になっていた。クライヴによるシラージュダウラーの廃位、徴税権の獲得、ヘイスティングズ、コーンウォーリス、ウェルズリー（在任一七九八〜一八〇五年）による戦争は、ロンドンに相談なしにおこなわれた。「本国からの効果的な介入は、インド政府が遵守すべき基準を設定することに限られていた。ここに本当の成功の理由があった」とP・J・マーシャルは見る。

二　会社と政府によるインドの共同統治

インド行政の監督をめぐる議論

ノースの規制法は、会社の財政危機の長期的解決、ベンガルにおける社員の不正蓄財防止、戦争と領土の拡張防止には効果がなかった。インド行政は役員の統制が効かない状態が続き、これに対する批判と攻撃が増加した。会社は一七八〇年までにふたたび破産寸前の状態になった。

このような状況になっても、政府によるさらなる会社統制の強化が必要かどうか、必要ならだれがどのようなかたちで実施するかについて、政界、会社関係者、株主の意見はまとまらなかった。株主の多くは政府の介入を好まなかった。政府の介入強化推進派の間では、政府による会社統制の在り方について、二つの有力な考え方があった。

一つは、インド関係人事について国王の任命権を増やすことによって、インド行政に対する国王の支配権を強化するというもの。もう一つは、議会の任命するコミッショナーが会社の活動と人事権をイギリスから監督するというものであった。両者の違いは、インド行政の監督を主としてインドでおこなうか、イギリスでおこなうかにあった。前者の立場から、ウイリアム・ピット（小ピット）の腹心でインド通のH・ダンダスがインド行政を規制する法案を作ったが、会社のインド行政に批判的なノース＝フォックス連合の反対にあって否決された。次に後者の立場から、一七八三年一二月、フォックスがロンドンからインド統治を目指す法案を提出し、下院を通過したが、フォックス嫌いの国王ジョージ三世（在位一七六〇～一八二〇年）の反対にあって上院で否決された。この敗北でノース＝フォックス政権は倒れた。

連立内閣の瓦解後に登場したピット政権は、悪化するインド問題に取り組み、その解決策を提示せねばならなかった。ピットは、会社の状況は特許状を取り消さねばならないほど悪くはなく、インドの事態は現在の措置を強化することによって大いに改善できると考えていた。

ピットとフォックスの違いは、本国における会社統治に関するもので、インドで何をするかについてはほとんど差がなかった。会社の独立性を奪い、人事権（社員採用）の召し上げを狙った陰謀ではないかとの疑念を、株主や役員に抱かれないようにするため、ピットは法案作成前にインド行政の監督について会社と協議した。会社は、フォックスのインド法が上院では否決されたものの、下院は通過したいきさつを見て、新たなインド法に抵抗することの難しさを知り、政府に対して宥和《ゆうわ》的になった。

ピットのインド法でインド庁を新設

会社は一七八四年一月の株主総会では政府に大幅に譲歩し、インド統治、歳入については国王の御意に従うことを決定し、インド統治に関する政府の監督権を自発的に受け入れた。

ピット首相は株主総会の決議を受けるかたちでインド法を作った。ピットのインド法（一七八四年インド法）は、反対もなく議会を通過した。この法律により政府が会社のインド統治に参画するようになり、政府・会社のインド共同統治体制が生まれた。これは会社統治の一大変更であり、社員にショックを与えた。社員出身のヘイスティングズ総督はピットのインド法を嫌い、それが成立すると辞任、帰国した。

政府は会社の役員会とベンガル総督を監督するため、インド庁（Board of Commissioners for the Affairs of India. 略称 Board of Control）を新設し、政治・外交・法律・軍事に関する権限を役員会から受け継いだ。会社の権限は大幅に縮小され、将来の政府による単独インド統治への道が開かれた。インド庁の経費はすべて会社が負担した。なお、一八五八年にインド庁がインド省に昇格すると、その経費はインド政府が負担することになった。

イギリス政府はピットのインド法で初めて「議会に対して責任を負うインド統治機構」を持つことになった。インド庁が役員会に代わってインドの政務を所掌した。この組織は日本人には理解しがたいらしく、イギリス東インド会社を研究した大川周明が Board of Commissioners と Board of Control を別々の組織として取り扱っているのをはじめ、その後の東インド会社研究も、これが政府省庁の一つであることを理解できず、「インド監督局」といった不適切な訳語を踏襲している。

ウィリアム・ピット（小ピット）

一七八四年のピットのインド法以降、会社と政府の力関係は大きく変わったが、共同統治の基本的枠組みは変わらなかった。会社の特許状は九三年以降、二〇年ごとに更新され、一八一三年と三三年の更新で、会社のインド貿易独占、中国貿易の独占といった商業特権は完全に消滅したが、インド統治権は五三年特許状でも会社に残った。しかし一八五七年に起きたインドの大反乱の責任をとらされ、翌五八年のインド政府法で、インド統治はすべて会社からイギリス政府に移された。ただし政府は、インドにおいては会社が作った統治機構をそのまま継承したので、目に見える変化はなかった。

ダンダス初代インド庁長官

一七八四年インド法で政府に与えられた権限は、国務大臣一名と大蔵大臣一名を含む計六名の枢密官が行使することになり、インド庁はこの六名で構成された。ピット首相自身はインドに強い関心を持っていたが、骨の折れるインドに関する仕事に割く時間がなく、他に適任者もなかったために、ダンダスに仕事が集中することになり、彼が長官になった。

ダンダスはスコットランドの政治家だが、ピットの腹心であり、一七八四年から一八〇一年まで、最初に枢密官、のちに長官としてインド庁に君臨した。彼は仕事がよくでき、一七九三年には有給のインド庁長官に任命された。彼とその後任のインド庁長官は、インド庁をインド省に昇格させることを目指して努力した。彼はインド庁の仕事のスタイルを確立した。

ダンダスは通常は会社に対して上位に立っていた。会社の会長、副会長に自分にとって好ましい人物を選出させることでは、どの長官も及ばなかった、と言われている。彼が作りだした役員会とのコミュニケーション方式は、三〇年にわたって機能した。彼はインド通であることに加えて、人心の収攬《しゅうらん》にたけており、大体において役員の信頼と協力を得た。しかし、会社の費用での国王軍のインド派遣のように、役員会の協力が得られない場合は、議会に持ち込むという強行策をとった。こうして一七八四年インド法についての、自分たちの解釈を押し通すという政府の強い意志を示した。インド庁はインド法に基づいて授与された権限を徐々に拡大したが、役員会はインド法の歪曲《わいきょく》と思われる時には激しく抵抗した。

一七八四年インド法は、一八五八年まで、政府と会社の関係の法的基盤として残った。「二重権力の一七八四年システムは、とくにイギリス憲法に適合した、国家と会社のチェック・アンド・バランスの一つと言われている」（P・J・マーシャル）という評価は適切であろう。

三　企業統治の変遷

組合から株式会社へ

イギリス東インド会社をよりよく理解するために、繰り返しになるかもしれないが、企業統治の観点から、その発展の経緯を整理しておこう。会社は最初、法人としての資本を持たず、東洋貿易の独占権を与えられた組合として出発した。一航海ごとに出資を募り、その都度清算がおこなわれた。この方法ではリスクの分散ができないため、一六一三年に、三航海あるいはそれ以上を決算単位とする修正合本《ごうほん》会社に転換、さらに五七年のクロムウェルの特許状で今日的な株式会社に発展した。

会社の機関は今日の株式会社と変わらず、株主総会と、そこで選ばれた役員で構成される役員会が存在した。株主総会は年四回開催され、会社の業務全般を審議した。春の総会では役員が提案する配当案が審議され、配当が決められた。定期総会の他に、九名の株主が署名・要求すれば臨時総会が開かれた。

一六五七年に株式の永久資本化が図られる以前は、株主は出資額に関係なく平等な投票権を有していた。五七年以降は、株式五〇〇ポンドが最低投票単位になり、五〇〇ポンドごとに一票追加された。五〇〇ポンド未満の株主は、株式をプールして五〇〇ポンドにすれば、投票権を授与された。九八年以来、株主総会での投票権は五〇〇ポンドの株式所有だけが条件になり、国籍、宗教、性別によって差別されることはなかった。統一東インド会社になってから、会社の株式は安全な投資物件との評価が定着し、女性株主が多かったことで知られている。

株式はロンドンだけでなく、ロッテルダムの株式取引所でも取引され、P・J・マーシャルによれば、一七五〇年代には株主の四分の一はオランダ人であり、会社は本当の意味での多国籍企業であった。すでに述べたように投票権は一七七三年のノースの規制法で、最低が一〇〇〇ポンドに引き上げられた。

1799年に再建された東インド会社本社（ロンドン）

会社の役員選出方法と担当業務

株主総会の重要な権限の一つは、毎年、役員会を構成する役員と会社の会長・副会長を選出することであった。一七一四年四月まで、株主総会で正副会長が選出されたが、それ以降は役員による互選になった。役員は主として、海運、シティーの金融・商業、私貿易人、退職したインド勤務者（文民・軍人）の利害代表者であった。

選出された役員は、会社の業務――航海の編成、船の運航、商品の販売、海外の商館を担当する幹部職員の任命など――を監督するため、いずれかの委員会に所属した。正副会長はすべての委員会に所属し、委員会には業務を補佐する専門職員が置かれていた。

役員会は執行機関であり、日々の業務を処理した。海外に商館を置くようになってからは、輸入品の売りさばきだけでなく、海外の商館を統括する本社機能を持っていた。一六六四～六五年ころには、役員会は毎週開かれるようになっており、決定を要する事項は挙手による採決がおこなわれた。

政府の経営参加の始まり

日本ではイギリス東インド会社を国策会社のように理解する人がいるが、特許状に基づく会社＝《イコール》国策会社ではなく、会社がインドで徴税権を獲得、税収の分配問題が起きるまでは政府の会社経営への関与はなかった。会社がインドの税収を期待して一二・五パーセントへの増配を決定したとき、はじめて配当と株式の分割を制限する法律が制定された（一七六七年六月）。さらに会社と政府の話し合いで、会社の納付金を四〇万ポンドとする法律が制定された。

それまで会社は国の外交や重要事項に脅威を与えないかぎり、政府の干渉を受けることはなかった。この法律は政府の介入範囲を厳重に制限していたが、配当に条件が付けられたため、会社はそれまで享受してきた財政的独立を失った。

会社は一七六〇年代後半以降、ベンガルにおける社員の不正・腐敗に対する規制能力を失い、会社財政の悪化にも対処できなかった。会社の株主たちはそれでいて、政府が会社のインド行政に介入することを嫌った。一七六九年九月一三日に開催された株主総会は、会社とインド人諸勢力との交渉に政府が介入することを一七七対九五で否決した。

政府による会社経営への介入を招いたのは、すでに述べたように、会社の財政危機であった。会社は政府による救済の代償として、ノースの規制法によって、政府によるインド行政への監督強化を受け入れさせられた。

規制法で株主権の制限

株主たちは、規制法は特許権の侵害であると制定に反対したが、審議過程で一〇〇〇ポンド一票、三〇〇〇ポンド二票、六〇〇〇ポンド三票、一万ポンド以上四票の累積投票権が追加されただけで、一七七三年六月一五日、法案は下院を通過した。

規制法の成立によって、とにもかくにも会社を政府の統制下に置くための第一歩を踏み出すと、政府の会社経営への介入は、問題が起きるたびに強化されていった。ノース首相は法律が特許に優越するという前例を作った。それまでは、特許は財産権であるがゆえに不可侵であり、それを犯すことは会社乗っ取りの意図があるのではないかと疑われ、政治家はこれを控えてきた。しかし、会社の財政危機を見ながら、政府は何もしないわけにいかず、また社員の腐敗・不正蓄財という道義的問題に対する議会と世論の批判に応えねばならなかった。

七三年規制法はインド行政の監督には十分でないことがすぐに明らかになるが、対米戦争（一七七五〜八三年）とその後の政治的混乱のため、七九年、八〇年と修正なしで更新され、八一年法で、インドからの通信文の閲覧権とインドに送信する通信文のうち藩王にかかわる訓令の修正権が政府に与えられた。その後、すでに見たように、会社と政府の関係、すなわち企業統治を大きく変えるインド法が、ダンダス、フォックスによってそれぞれ提案され、ピットのインド法に収斂《しゅうれん》していった。

ピットのインド法導入で、インド政策をめぐる紛争解決の最も重要な場は、イギリス議会になった。政府もはじめてインド統治に参加することになり、会社と政府の共同統治が始まった。政府は新たに歳入・司法、軍事、政治・秘密、財政、公共・商業の五部局からなるインド庁を設置した。会社はインド統治と歳入についてはインド庁の決定を拒否できなかった。しかし、役員会の発案によらないインド庁独自の指示・命令は出せなかった。

インド庁は商業問題については介入する権限がなかったが、実際にはすべての通信文を閲読できたので、商活動に対しても影響力を持った。人事についても、総督の任命権は会社に残されたが、実際には内閣が主導権を持ち、役員会は受け入れがたい人物に対して拒否権を行使するにとどまった。

総督、管区知事、カウンシラーなどの上級人事以外の人事権は、役員会に残された。インド軍司令官のみ国王の任命であった。

会社の株主総会は最高意思決定機関であり、ピットのインド法が制定されるまでは、役員会の決定を覆したこともあった。しかしピットのインド法によって、インド庁の承認を得た役員会の決定を否決する権利を奪われた。これにより株主のインド統治に対する発言力は弱まり、議会並みの高レベルの議論をすると言われた株主総会の政治的役割は事実上終わった。

役員会とインド庁の関係

ピットのインド法は、会社の企業統治の構造を大きく変えた。ピットのインド法に基づいてインド庁が設置されるまで、役員会は株主総会以外の掣肘《せいちゅう》を受けない執行機関であった。設置後は、インド庁によるインド行政の監督が制度化され、会社の意思決定に際して、会社と政府（インド庁）の意思統一が必要になった。意思疎通を図るため、両者の間に公式、非公式の事前調整システムが作られた。

会社の正副会長とインド庁長官はコミュニケーションを密にし、役員会と長官の見解が異なる通信文を作成しないように努めた。役員会が作成した通信文の趣旨、内容を、インド庁が変更することは一〇〇回に一回もなかった（J・S・ミルの議会証言）。そのような結果になったのは、会社とインド庁の対立の表面化を防ぐための事前調整方式が機能したことに加え、大部分の政治的決定が、会社と長官の非公式協議で決定されたためであった。

インド庁がインドへの通信文に変更を命じれば、役員会は再考を求めることができなかったので、それが最終決定であった。インド庁長官は通信文の変更をできるだけ回避するため、会社の公式ルートとは別に、総督との間に私的情報交換ルートを持った。それによってお互いに本音を知ることができ、役員会とインド庁の対立の発生を少なくした。

総督、管区知事の人事権は役員会にあったが、ピット首相以降どの首相も、政治的に貴重な財産である人事権を役員会に行使させることはなかった。役員会はそれに逆らえず、総督については首相の指名する人物が必ず選ばれた。政府が総督を任命するのが慣例になっても、役員会は日ごろ会社の政策に批判的な、会社にとって受け入れがたい人物の任命には抵抗した。政府も役員会の反対を押し切ってまで強行できなかったので、役員会の任命権は拒否権としての効力を持っていた。

ピットのインド法で、総督の召還権は国王にも与えられたが、会社は従来通りに、不都合のあった総督を召還した。役員会の権限は特許状更新のたびに縮小していったが、総督の召還権だけは最後まで手放さなかった。

役員会は長い歴史を通じて、役員選出から役員会の運営まで、確立した方式を持っていた。役員数は統一東インド会社になってからは二四名で、任期は二年であった。一七三五年の定款によって、連続して四年役員を務めた株主は、一年間休まないと再選資格を得られなかった。

七三年のインド規制法で、役員の選出方法と任期が変更された。従来のように毎年二四名の役員を選ぶ代わりに、同法成立直後の選挙では、四年任期、三年任期、二年任期、一年任期各六名の任期の異なる役員を選出した。その後の選挙では、毎年任期満了になる六名を補充するため、六名が選ばれ、新たに選ばれる役員六名の任期は四年であった。役員の選挙資格は、一六九八年の特許で定められた最低二〇〇〇ポンドの株式保有者であることに変わりなかった。役員の選出は、政党政治から完全に独立していた。

会社の終焉

インド庁がインド統治の実績を積むにつれて、役員会不要論が強まった。一八一三年の特許更新をめぐる議論では、ほとんどの発言者が、インド庁はインド統治の任務を遂行するに十分な権限と能力を有することを認めた。しかし一三年インド法では、政府による直接統治は見送られた。会社によるインド貿易の独占だけが廃止され、会社はイギリス政府の統治機関として残った。

会社とイギリス政府によるインドの二重統治は、形式的には一八五八年まで続いたが、役員会とインド庁の利害も収斂し、一八一三年インド法で、インド統治は実質的には一元化されたに等しかった。

インド庁長官は一七八八年以降毎年、インド政府の予算を議会に上程し、インド問題について議論する機会を提供した。しかし、議員のインドに対する関心は低く、知識も乏しかったため、形式的な議論に終始することが多かった。

W・ヘイスティングズ前総督の上下両院による弾劾裁判以後、議会がインドに強い関心を示すことはなかった。ただ、特許更新時には議会が会社の活動を調査し、会社のインド貿易、中国貿易の独占廃止の請願が多くおこなわれ、活発な議論が戦わされたので、インド行政に対するチェック機能は働いた。イギリス東インド会社はしばしば財政難に直面したが、オランダ東インド会社のように粉飾決算を重ねて倒産するようなことはなかった。

会社は一八五七年に起きたインドの大反乱の責任をとらされて統治から外され、インドはイギリス政府の直接統治下に置かれることになるが、ピットのインド法（一七八四年）以来、インドは会社と政府による共同統治下に置かれ、会社の権限は段階的に縮小され、すでに実質的に政府の単独統治になっていた。会社は名前だけの存在になっていたにもかかわらず、インドの大反乱の責めを負わされ、反乱収拾のスケイプゴートとして使われた。

第四章　インド貿易の自由化

一　会社を牛耳った「海運族」

インド貿易の独占とは

インド貿易の独占といっても分かりにくいが、中身は特許権保有者によるロンドン―東洋航路の独占であった。

特許は会社以外の船の東洋航路への参入を禁止したので、この航路では海上輸送の競争が生まれなかった。競争が起きにくいため、会社は割高な運賃を設定、私貿易人らの批判を浴びながら、それを長期間にわたって維持した。会社船の運賃が高く設定された理由として、会社が他の航路では使用できない特別仕様の船を建造させ、船団方式で運航したこと、入札によらない、特定の船主との随意傭船契約などが指摘されている。

会社は一六五七年のクロムウェル特許状以後、造船所と船舶の所有を放棄、一七〇九年ころより自社船方式から傭船方式に切り替え、船主から船の貸与を受けた。傭船は競争入札によらず、随意契約であったので、船の耐用年数が来ると、同じ船主が新船を供給した。アウトサイダーとの競争はなく、船主は有利な条件で船を貸与できた。会社は必要以上に傭船し、その船を遊ばせていた。非常事態への備えとしては意味があったかもしれないが、経済的にはムダな支出であった。その結果、造船技術に進歩があっても傭船料は下がらず、それが会社船の高運賃の主たる原因になった。会社の大企業病の最たるものが、この下がらない運賃であった。

D・C・ノースによれば、「大西洋航路は一八世紀に技術進歩あるいは海の安全の向上で乗員の削減ができ、運賃の低下が起きた。アジア航路では例外的に海運の生産性が上がらなかった。一八世紀の後半には、前半よりも運賃が上がっている」。アジア貿易だけが例外になった原因が、会社の航路独占に根ざす組織上の欠陥にあることは、R・デイヴィスをはじめ多くの海運専門家の指摘するところである。

船主、造船業者、船長らの海運関係グループは、「海運族」と呼ばれる強力な利益集団を形成した。会社の利益集団のなかでも最も強力で、約二〇〇票の投票権を有し、役員選挙では票数以上の影響力を持っていた。こうした状況下では会社の内部から運賃引き下げの動きが生じることは難しかった。

海運族は傭船料の低下につながる傭船の入札制、建造コストの安いインド船の利用には猛烈な抵抗を示した。海運族が牛耳る役員会は、貿易の自由化を支持しインド船の使用を主張するウェルズリー総督、ダンダス・インド庁長官には批判的で、機会をとらえては反撃した。南インドの宿敵マイソールを攻略した功績のあるウェルズリー総督でも、マラータ連合の宰相のホルカルとの戦争で敗れると、役員会はすぐに彼を召還した。

この当時の役員はきわめて有能で、裕福で独立心が強く、半分以上が国会議員であり、インド貿易の独占を守るためには、口実さえあれば、それに反対する総督の首を切るだけの実力があった。

私貿易人の高運賃への反発

会社の高い運賃に対して最初に不満の声をあげ、イギリスへの直接アクセスを求め続けたのは、インドに居留するエイジェンシー・ハウスをはじめとする私貿易人たちであった。彼らはインドに根を下ろしたイギリスの民間資本であった。会社は高い運賃を課したうえに、タイミングよく十分な船腹を提供できなかったので、彼らは外国船を利用し、ヨーロッパの港にインド産品を送った。会社のインド貿易独占の特許によって、ロンドン―東洋航路から排除されたのは、イギリス人だけであったので、外国人がインドの物産をヨーロッパに運ぶことは規制できなかったのである。これを同時代人は密貿易と呼んだ。

一八世紀末までに、海外に拠点を置く私貿易人は、会社と同じかそれ以上にインドの物産をヨーロッパ市場向けに輸出するようになっていた。このころにはカルカッタからの年間輸出額は、会社の二五〇万ポンドに対して、私貿易人は三五〇万ポンドに上った、という数字がある。私貿易人は高運賃の会社船に頼っていては、西インド諸島産品との競争に勝てなかった。会社船の運賃は外国船よりトン当たり一〇ポンドは高かったので、居留地の私貿易人は本国への送金や商品の輸送に外国船を利用せざるを得なかった。

その結果、本来は会社の商品輸入と輸送に回るはずのイギリス人の資金が、外国の私貿易人、海運業の発展を助けるという皮肉な結果を生んだ。東インド会社研究の第一人者P・J・マーシャルは、この点について次のように述べている。

「イギリス資本は、東インド会社の旧敵であるオランダ人とフランス人に資金を供給しただけでなく、一七八三年以降は他の多くの国の船もインドの港に入港し、ほとんど何でも、イギリス資本の要請によって、会社独占の狭い通路を回避してヨーロッパへの途《みち》を見つけ、ヨーロッパにもたらされた。外国人がイギリス資本で購入した輸出品との競争は、会社にとって明らかに耐えがたい脅威であった」。

会社は高運賃によって、みずからインド貿易独占の墓穴を掘ることになった。A・トリパティの言葉を借りるなら、「会社の商業政策のうち、高運賃、インドで建造した船舶の使用禁止、綿製品貿易の独占は、密貿易あるいは投機的値上がりを引き起こし、商人以上に政府を傷つけた」。

会社は特許法で毎年少なくとも使用資本の一〇分の一相当のイギリス製品輸出を義務づけられていた。またイギリス人がインドに資本を投下して栽培を始めたインド藍（インディゴ)、綿花などの輸出拡大の必要性を認めていた。会社と私貿易人との間の対立点は「目的でなく手段」であり、イギリスとの貿易に使用する船のタイプ、サーヴィス、運賃などをめぐるものであった。私貿易人は、会社が自分たちの要求に応えられないなら、自分たちがヨーロッパに船を派遣する権利を認めるように主張した。軽装備の小型船にインド人の船員を乗せれば、運賃は会社船よりずっと安くなると訴え続けた。当時の私貿易人たちは、三〇〇トン程度の船が英印貿易には最も経済的であると考えていた。

一七九三年の特許更新に際しても、インド貿易の自由化を最も強硬に要求したのは、インドに本拠を置くエイジェンシー・ハウスを中心とする私貿易人であった。イギリス本国でも、マンチェスター、リヴァプール、グラスゴーなど、インド貿易の恩恵にあずかっていない地方港の商工業者が、九二年にインド貿易開放嘆願書を議会に提出し、そのなかでインド貿易が自由化されれば輸出は二〇倍に伸びると述べている。

カルカッタの私貿易人(1787年頃)

役員会は私貿易人の不満を緩和するため、一七九三年特許更新に際して、私貿易人に三〇〇〇トンの船腹を割引運賃で提供するとの譲歩をおこなった。これは私貿易人の船腹需要のごく一部を充足するものでしかなかったにもかかわらず、会社はこれ以上の譲歩をしなかった。ロンドンの私貿易人は貿易拡大のため、自分たちの船による英印貿易を認めるように役員会に申し入れる一方、世論喚起のため、株主総会でもこの問題を取り上げた。役員会はこれに対して一八〇一年二月、割引運賃船腹を少し追加したが、やはりそれ以上の譲歩は認めなかった。エイジェンシー・ハウスは、ヨーロッパで戦争でも起きない限り、外国船によるヨーロッパとの貿易を続けた。

輸出は貢納の送金に必要？

一七六五年に会社がベンガルの徴税権を獲得した後、イギリスでは、インドからイギリスへの輸出は財政余剰（税収）、すなわち貢納の送金手段と見なされるようになった。しかし税収の獲得の一方で、軍事費、行政費など統治にかかわる経費が増大し、財政黒字は年一五〇万ポンドに達することはなく、むしろ赤字の年の方が多かった。財政余剰が大きければ、会社は本国から銀地金を送金することなしにインヴェストメント（インドでの輸出品購入）、すなわちインドからの輸出を増やすことができたが、現実には財政余剰は少なく、しかも安定していなかった。

P・J・マーシャルの言うように、「インドのコネクションは多くの雇用をもたらし、少数の個人がそれによって豊かになった。しかし巨万の富が流入するという予言は、それによって実現することはなかった」。

期待したような巨万の富は流入しなかったにもかかわらず、インドからの対英輸出は貢納の送金手段と見なされるようになり、会社自身もまた、特許が攻撃にさらされると、統治と貿易は一体であると主張し、対英輸出は貢納の送金手段であるという考え方をインド貿易独占の擁護に利用した。その結果、こうした考え方が広く浸透し、会社の貿易独占を正当化するうえで重要な役割を果たした。

一九世紀に入ると、会社のインド貿易が利益を上げられないことは隠しようがなくなっていた。加えて行政部門は恒常的に赤字で、会社は一八一〇年から一二年に四〇〇万ポンドも借り入れねば経営できず、一三年の特許状更新が困難な状況に追い込まれた。元インド庁長官のダンダスはすでに一八〇八年に、「会社が貿易独占で十分譲歩しなければ、国民はそのような援助の供与に同意しないだろう」と、この特許状更改を見通していた。貿易独占問題をめぐる状況は、彼の予想以上に会社にとって不利な方向に展開し、インド貿易は全面的に自由化されることになった。

二　私貿易人

東インド会社の貿易独占を崩した私貿易人

会社のインド貿易独占を崩すうえで重要な役割を果たしたのが、カルカッタ、マドラス、ボンベイなどの居留地に根を張ったイギリス人商人であった。H・ホセインは、一七六〇年代には七〇名の私貿易人がカルカッタにいた、と推定している。カルカッタは私貿易の活力で発展した。

会社は自社の支配する居留地におけるヨーロッパ人の居住認可権を握っており、理論的には会社の許可なしにはヨーロッパ人は居留地に住むことができなかったが、実際には一七世紀後半になると、会社を退職した商館員や船員が居留地に住み着き、アジア域内貿易に従事した。彼ら私貿易人はフリー・トレーダー、フリー・マーチャント、フリー・マリナーなどと呼ばれ、主に現地で建造した安い船を使って域内貿易をおこなっていた。インドは一〇〇〇トンまでの商船を建造する能力も技術も有しており、しかもイギリスより安く建造できた。

エイジェンシー・ハウスに代表されるフリー・トレーダーの活動が、近年の東インド会社研究では注目を集めるようになっている。

一六九四年のウィリアム三世の特許状で、会社は社員による一定額の自己勘定の貿易を公認することができるようになった。これがフリー・トレーダーの始まりである。会社公認のフリー・トレーダーになるには、誓約書と保証金一〇〇〇ポンド（一七〇五年設定）を入れて、ライセンスを得なければならなかった。P・J・マーシャルによれば、会社公認のフリー・トレーダーは、一七三六年から五六年には五六名であったが、ライセンスなしの商人も多数いた。

フリー・トレーダーと会社がどのような関係にあり、彼らがいかなる活動をしていたかは、五六歳で死ぬまで三五年間、マドラスのフリー・トレーダーとして活躍したトーマス・ペイリーの伝記『トーマス・ペイリー、一七六八〜一八二四年』から窺《うかが》うことができる。伝記作者ホジソンによれば、フリー・トレーダー ＝《イコール》 密貿易商人（インターローパー）と考えるのは単純にすぎ、会社の許可を得て、厳しい制限の下で営業するのがフリー・トレーダーであった。フリー・トレーダーと言っても、会社の支配する居留地内で、会社と競合するかたちで自由に商売したことを意味するものではなかった。彼らは会社の下請け的ないしは補完的役割を果たす存在であった。たとえば、インディゴ・プランター（藍栽培農園主）に資金を供給し、インド産品や会社の商品を域内に輸出するなど、さまざまな活動をしていた。ペイリー自身はインディゴ工場と皮革工場をマドラスに持ち、金融業、代理商、船主、造船業、海運代理店など手広く商売をしていた。

フリー・トレーダーには居住制限があり、ガヴァナー（商館長）の許可なしには居留地を離れることができなかった。ペイリーは不法行為のかどで二回、居留地からの退去処分を受けたが、二回とも執行保留で退去をまぬがれ、マドラスで生涯を終えている。ホジソンによれば、マドラス・プレジデンシーには、一七九一年に会社関係者以外のヨーロッパ人が二〇二名おり、そのうち一二八名が無許可の居住者であった。この居留地のイギリス人人口は推定二〇〇〇〜三〇〇〇人であったので、会社関係者以外のヨーロッパ人比率は一割以下であったことになる。

会社は域内貿易まで支配することはできなかったが、一方ではイギリスの存在を示す必要があったため、一六六七年、各地に積極的に進出する私貿易人にアジア内貿易を開放した。日本では意外に知られていないが、中国へのアヘン輸出をおこなったのは東インド会社ではなく、イギリス人やユダヤ人の私貿易人であった。中国ではアヘンの輸入は禁止されていたので、会社は直接に輸出せず、輸出を希望する私貿易人に入札で売った。私貿易人は中国での売り上げを会社の広東《カントン》駐在員に渡し、インド政府とロンドンの役員会宛ての手形を受け取った。これは会社と私貿易人の緊密な関係を示す一例である。

イギリスが一八世紀のアジア域内貿易で支配的影響力を持ち得たのは、私貿易人の活躍に負うところが大きい。「私貿易人のやり方はアグレッシブで、イギリスの影響力は会社自体の通常の貿易の範囲をはるかに超えていた」（P・J・マーシャル）。ポルトガル、オランダと違って、イギリスのアジア域内貿易の担い手は私貿易人であり、アジア域内貿易は即ちフリー・トレードであった。彼らは居留地を中心に一大勢力を形成し、本国の製造業とも結びつき、やがて会社のインド貿易独占を打破する存在になっていった。

インド貿易の自由化とインド貿易からの撤退

インド貿易の自由化を求めるインド居留地のエイジェンシー・ハウス、私貿易人、そしてイギリスの地方都市の商工業者は、一七九三年特許法では、独占打破に失敗した。しかし、独占打破を求める運動は強まる一方で、彼らの間に連携も生まれた。イギリスでは工業化が進み、新たな勢力として綿・絹紡績産業がインド貿易自由化運動に参加するようになっていく。

伝統的に会社とイギリスの繊維業者とは敵対的であった。イギリス製品の輸出促進努力をせず、インドの綿・絹製品を輸入して国内産業を圧迫する会社に対して、繊維業者は何かと批判的であった。彼らの要求によって、一七〇〇年と二〇年にインド産のキャリコの使用を禁止する絹・羊毛産業保護法が制定された。当時、綿製品はまだ生産されておらず、イギリスでのキャリコの生産は一七七二年に、モスリンの生産は八一年に始まる。綿製品の国産化が始まると、生産者は幼稚産業の保護のため、競争力の強いインド製品の輸入制限を求めるようになり、八四年に製品輸入が禁止され、さらにその後、漂白キャリコとモスリンにも輸入関税が課せられた。

イギリスの綿紡績工業は、ジョン・ケイによる飛び杼《とひ》(flying shuttle)の発明(一七三三年)に始まる精紡機、梳綿《そめん》機、紡織機の相次ぐ技術革新や、動力としての蒸気機関採用により、生産性が上がったため、下級品ではインド製品と競争できるようになり、インド製品はもはや脅威でなくなった。

一八世紀末にイギリスの繊維工業は量産体制を確立すると、国内市場だけでは供給過剰になり、海外に市場を求めるようになった。アメリカの独立に加えてナポレオンの大陸封鎖で大きな市場を失ったため、インドをイギリス製品の市場と見るようになった。繊維業者たちは輸出能力の低い東インド会社に頼っていては輸出の拡大が進まないことを知ると、同社によるインド貿易独占打破に向かって動き出した。すでに一七九三年特許更改に際しても、インド貿易の自由化運動を起こしていたインドのエイジェンシー・ハウスと輸出志向工業としての発展を目指すイギリスの繊維業者とは利害が一致し、共同して独占反対キャンペーンをおこなった。

会社は貿易と統治の相互依存の重要性、貿易自由化がインドの産業、国民生活に与える悪影響などを持ち出して、貿易独占の必要性を主張したが、抵抗しきれなかった。政府は最初、イギリスからの輸出貿易のみを自由化し、輸入はロンドンに限定する提案をしたが、地方港と工業都市の代表はこの提案を拒否した。その圧力は強烈で、政府はインド貿易の自由化を認めるしかなかった。会社はその後も輸入貿易だけは続けていたが、赤字がかさみ、役員会は一八二六年一〇月、インド貿易から全面撤退を決定した。

自由化でエイジェンシー・ハウスが倒産

イギリスの対インド輸出は、私貿易人らが主張したように、貿易自由化後、急速に伸びた。イギリスの総輸出に占める対アジア貿易のシェアは、一八〇三～〇五年の六パーセントから、一六～二〇年の九パーセント、三二～三六年の一二パーセント、三八～四二年の一六パーセントへと拡大した。産業革命が完了したとされる二〇年ころには、イギリスの対インド綿製品貿易は輸入超過から輸出超過に変わり、黒字幅は年を追って拡大した。イギリスの綿紡績工業が輸出産業になると、輸入品は綿織物から綿花などの一次産品に変わっていく。

中国貿易についても自由化の請願は多かったが、輸入品の茶が巨額の利益を上げており、また中国が茶の輸出業務を公行（コンホン）に独占させる特殊な形態をとっていたため、会社の独占が引き続き認められた。茶貿易の平均年一〇〇万ポンドの黒字は、行政部門の赤字を消すために使われた。

こうしてインド貿易の自由化後、会社経営において私貿易人が徐々に力を伸ばし、一八二〇年代にはその影響力が明白になった。役員会の勢力地図にも変化が起きた。貿易の独占を支えてきた海運族の力が後退する一方、私貿易人、とくにロンドンに本拠を置く東インド・

エイジェンシー・ハウス二〇社の力が強くなった。同時に会社に対する利害関係の弱い一般株主の関心は薄れ、株主総会は活気を失っていった。

インド貿易の自由化は私貿易人、とくにインドに本拠を置くエイジェンシー・ハウスにとって好都合なことばかりではなかった。皮肉なことに、自由化はイギリス製品の供給過剰とそれによる利益低下を招き、その主要な推進者であるカルカッタのエイジェンシー・ハウスを没落させることになった。会社によるインド貿易独占下では、インドは保護された市場であり、域内貿易に従事するエイジェンシー・ハウスはイギリス製品の独占的取扱業者であった。

A・ウェブスターによれば、「〔輸入〕独占がイギリス製品の輸入を制限し、それによって過剰在庫を防止する一方、会社はカントリー・トレードのライセンスの発給を統制し、それによってエイジェンシー・ハウスの利益を減少させる過当競争を防止した。それは高度に統制されたシステムで、エイジェンシー・ハウスと会社の両方の利益になった」。

インド貿易の自由化は、このシステムを破壊したのである。インド貿易への新規参入者の増加で、エイジェンシー・ハウスは予期しなかった競争の激化、利益の減少に直面し、大手までもが倒産した。それは「一七八〇年代以来ベンガルで発展してきた植民地経済システムを崩壊」（A・ウェブスター）に導いた。

しかし、K・N・チョードリが言うように、「エイジェンシー・ハウスの倒産は、インド

における ビジネスの構造変化にはつながらなかった」。なぜならば、植民地経済システムの崩壊を生き延びたロンドンのエイジェンシー・ハウスがベンガルに進出、倒産したエイジェンシー・ハウスに取って代わったからである。彼らは業務の主力をインド商品の輸入からイギリスの工業製品輸出に移行させ、イギリスの工業化に対応した。

一八三三年特許で商活動から全面撤退

インドに本拠を置いていた私貿易人グループの予期せぬ没落で、海運族をはじめとする「東インド族」とシティー・グループはやすやすと失地を回復した。役員会は弱体化し、分裂し、一八三三年の特許状更改に際してインド庁と戦える状態ではなかった。したがって中国貿易の開放でも、抵抗らしい抵抗をせずに降伏してしまい、会社の独占廃止が決定した。

中国貿易は行政部門の赤字を埋める重要な財源であったから、独占廃止により、インド政府は財政支出を削減するしかなく、ベンティンク総督（在任一八二八〜三五年）がその不人気な仕事を担当した。ベンティンクは会社の指示に忠実で、抜本的な軍事・行政改革を図り、財政を赤字から黒字に転換させた。

会社は一八三四年四月二二日、一切の商業特権を放棄し、内外の商業資産を売却した。売却収入総額は一五八五万八九二八ポンドであった。その使途を見ると、株式配当保証金二〇〇万ポンド、インドの債務返済五四六万四〇〇〇ポンド、カルナーティックの債務返済二七二万七三四四ポンド、イギリスでのインド政府関係支出二一八万八八七三ポンドで、大部分が債務返済に充てられている。一八三三年特許法が成立した時、会社の資本金は六〇〇万ポンドであった（一七九四年以来、増資なし）。議会は株主への補償として、四〇年間にわたって年六三万ポンド（年一〇・五％の配当に相当）の給付金の支払いを会社に認めた。会社は給付金支払いの担保として、五四年四月三〇日までの二〇年間、インドにおけるイギリスの領土のすべてとインド政府の保持を許された。

貿易の中止とともに商務部門は廃止され、インドにある会社の資産は政府に信託された。会社はインドの領土に対する所有権を一切放棄したが、インドにある資産を受託者として保有した（J・S・ミルの議会証言）。会社が商業活動から撤退したため、役員会の一切の活動はインド庁の支配下に置かれた。

今回の特許状更改時には、前回にも増して会社のインド統治継続に強い反対があった。しかしそれでも会社に代わる統治者がいないため、インド統治は引き続き会社にゆだねられることになった。T・B・マコーレイの議会演説はその事情をよく説明しているので、聞いてみよう。

「次の三点は実証済みである。国王はインドに対して一定の権限を持たねばならない。国王の権限に対しては効果的なチェックがなされねばならない。下院は効果的なチェックではあり得ない。この重要な任務を遂行する何か別の組織を探さねばならない。われわれはすでにそのような組織――会社――を持っている。それを捨てるべきか……会社の権力は政治における例外であることは確かだ。商人の会社、その株式が毎日取引きされる組織、構成員が絶えず変わる組織、定款を見ただけではマーチャント・テイラーズ・カンパニー、ニュー・リヴァー・カンパニーと同じ程度に帝国支配に不向きだと言ってもよい組織が、多数の国民の主権、巨額の歳入の処分、英国政府の支配下にあるよりも大規模な軍隊の指揮権をゆだねられているとは、奇妙なこと、まことに奇妙なことである。われわれはインド帝国に不似合いでなく、また異常でもないどのような国制を与えるべきであろうか。インド帝国自体が一切の政治的例外のなかでも最も奇妙なものである」。

最後の特許状

このように会社のインド統治に対して疑問が呈されながらも、インド統治は引き続き会社に任された。商務部門は廃止され、役員会の機能は縮小され、財政、政治・軍事、歳入・司法の三委員会のみが残された。

一八五三年には会社のインド統治は従来のように二〇年間の期限をつけずに延長され、会社の権限はさらに削減された。役員数は二四名から一八名に減らされ、しかもその三分の一は政府の任命になった。役員の役得であったヘイリーベリー・カレッジ（行政官養成学校。一四二頁参照）と士官学校への入学推薦権もついに奪われた。行政官の採用は一八五五年か

大反乱の発火点になったメーラトの兵営（1857年）

ら公開試験になり、学生のいなくなったヘイリーベリーは五八年に廃校になった。

特許更新四年後の一八五七年五月一〇日、ベンガル管区の駐屯地メーラトで始まったインド兵の反乱が、北インドのほぼ全域に広がり、イギリスのインド支配を揺るがせた。反乱は地域的には北インドに限られており、他の地域への影響は少なかったが、約一年間にわたって続いた。イギリス本国ではその責任を追及する声が強く、会社が批判の矢面に立たされた。一般国民は会社を特権集団（株主数は一八五七年の時点で約一七〇〇名）と見なして快く思っていなかったので、恰好《かっこう》のスケイプゴートにされてしまった。会社による統治は商業主義に汚染されているとか、時代遅れであるといって批判された。

会社はインド統治の任を解かれ、会社が保有する領土、政府、権限はイギリス国王に移管された。そしてインド政府法が制定された。この新インド法は一八五八年八月二日に議会を通過、九月一日に発効した。同日、レドンホール通りの本社で、全員出席のもと最後の役員会が開かれ、この日をもって役員会は解散した。これがインド統治が会社から政府へ移行したことに伴って生じた最大の変化である。インド庁はインド省になり、長官は閣内相のインド相に格上げされた。

インド相には、インドを政党政治の政争の具にせず、インドを世界的視野から見られる人物がふさわしいということで、インド経験がなく、またインドと関係の深くない人が任命されるのが慣例となった。インド省の経費はインド政府が負担したので、インド省は本国大蔵省の財政的拘束を受けなかった。

第五章　会社の軍隊

一　会社軍と国王軍

会社軍の起源

イギリスのインド統治機構は、ほとんどイギリス東インド会社の時代に試行錯誤を繰り返しながら作られた。もちろん本国から持ち込んだものも多いが、モデルがないまま、必要に迫られて、独自に生み出したものも多い。

軍隊と官僚制がその代表例であろう。軍隊は終始傭兵中心であり、傭兵によってインドを征服し、多くの海外遠征にも傭兵を動員した。征服後の植民地をＩＣＳ（インド高等文官）が管理・運営する官僚制は、本国の官僚制からは完全に独立した存在で、インドで独自の発展を遂げた。イギリスはインドで確立した官僚制をマラヤやアフリカの植民地に持ち込んで、統治の要にした。まず特色のある軍隊から見ていこう。

イギリス東インド会社はすでに述べたように、武装し、軍隊を保有する権利を与えられていた。商船も武装し、貿易拠点の商館も武装し、武装貿易をおこなってきた。会社の陸上での武装は商館の警備兵から始まり、ヨーロッパ諸国、在地勢力との戦争を通じて徐々に強化され、独自の軍隊に成長していった。

R・キャラハンによれば、商館の警備兵の軍隊への移行は一七世紀の最後の四半世紀に始まった。会社軍は管区（プレジデンシー）単位で編制され、各管区に軍司令官が置かれ、ボンベイ、マドラス、ベンガルの三管区司令官制は一八九五年まで続いた。ベンガル軍司令官は一七五六年以降、会社軍の最高司令官となった。

会社の最初の軍隊はボンベイ管区で編制された。その原型となったのが、ポルトガル王室のキャサリンがチャールズ二世に輿入《こしい》れしたときに、婚資としてボンベイ島を持参し、国王が一六六一年四月、その引き取りのため本国から派遣した歩兵四個中隊だった（ボンベイ到着は一六六二年九月）。これは現地のポルトガル人の拒否にあって、任務を果たせなかった。

会社は生き残りの兵隊を引き取り、ボンベイ・ヨーロッパ連隊を作った。さらに会社は一六八四年、ボンベイでラージプート人を選抜して二個中隊のインド人陸軍を作った。これが会社の最初のインド人部隊とされている。ボンベイに次いでマドラス軍が作られた。最も新しいのがベンガル軍で、プラッシーの戦いの直前にクライヴが創設した。ベンガル管区は財政力があり、インドにおけるイギリス勢力拡張の原動力となった。

T・パーソンが言うように、「インド帝国の時代の大きなアイロニーの一つは、会社によるインド亜大陸征服がもっぱらインド人によっておこなわれた」ことである。インドの諸民族が結束してイギリスに当たることはなく、各個撃破された。傭兵は会社のインド平定の先兵となり、会社がプラッシーの戦い後、六〇年足らずで南はケープ・コモリンから北はヒマラヤまで征服するのを助けた。

会社軍と国王軍の併存

東インド会社の時代には、インドには国王軍（イギリス政府軍＝Royal Regiments）と会社軍の二種類の軍隊が存在した。国王軍はインドの最後の安全保障装置として必要に応じて本国から派遣され、時には財政難から本国で維持できなくなった軍隊が会社に押しつけられた。

一七五四年、一八世紀になって初めての国王軍、ジョン・アンダーソン大佐を司令官とする三九歩兵連隊が会社軍と協力して領土防衛をするために送られてきた。そして、一七八三年以降国王軍が恒久的に駐屯するようになった。ピットのインド法（一七八四年）で会社は国王軍の旅費、滞在費の負担を義務づけられた。

国王軍はイギリス人だけで編制された本国から派遣される軍隊で、一八世紀末期以降、常時二万〜三万人が駐留していた。イギリスでは駐留軍を大英帝国の戦略的予備軍と見なしていた。

国王軍の駐屯期間はまちまちで、定期的に本国から補充され、任期が切れると帰国した。

満期除隊の際には、会社軍への入隊の勧誘を受けて会社軍に転籍するものもあった。

一方、会社軍はイギリス人を中心とする白人だけの部隊（おもに砲兵、工兵部隊）と、将校はイギリス人を中心とする白人、兵士はインド人の部隊で構成されていた。数のうえでは圧倒的にインド兵が多かった。陸軍では兵士の数を確保する必要があった。白人兵はインドの気候の下では死亡率が高く、加えてインド兵に比べて数倍の維持コストがかかったので、会社は安価なインド兵に依存することになった。

インド兵の月給は七ルピー（約一四シリング）であったが、一八三四年に、一六年勤務すると八ルピー、二〇年勤務すると九ルピーに引き上げられた。会社の兵力構成の目標は、イギリス人九万人、インド人一九万人であった。会社は最低でも一対四の英印比率を維持しようとしたが、一八五六年にはその比率は一対九にまで下がっていた。

一八五七年にベンガル管区のインド人部隊が大規模な反乱を起こすまで、インド兵の増強には歯止めがかからなかった。白人将校の指揮するインド人部隊の能力の高さはマラータ戦争、ティプ・スルタンとの戦争（マイソール戦争）、対ビルマ戦争などを通じて実証された。しかもインド兵は月給七ルピーでいくらでも徴募できた。

これに対し、白人兵の月給は五ポンドであった。将校でも少佐になるまでは世帯用住宅を与えられなかったので、多くの将兵がインド人の愛人と暮らしていた。駐屯地にはどこでも兵士用の慰安所があり、慰安婦がおり、ベンガルのイギリス兵の性病罹患《りかん》率は一六〜三一パ

ベンガル軍のセポイ

ーセント（一八二七～三三年）という記録が残っている。

ベンガルは三管区のうちで最も財政的にゆたかであったので、最大の兵力を擁していた。インドの大反乱まで、ベンガル軍は現地兵の徴募をアワド、ビハール、ベナレスに頼っていた。兵士の出身カーストはヒンドゥーの高位カーストが多く、社会的地位は高かった。彼らは海を渡るとカーストの身分を失うので、海外遠征には抵抗、第一次ビルマ戦争（一八二四～二六年）では抗命事件を起こした。会社はやむを得ずビルマ遠征にはカーストの低い兵士で構成されたマドラス軍を動員した。一七五七年、カルカッタのフォート・ウィリアムの奪還の際にもマドラス軍が動員されたが、兵員輸送を船に頼ったため、クライヴがマドラスから帯同した現地兵もカーストの低いテリンガー（テルグ語を話すセポイ）であった。

ベンガル軍の兵士は多くが土地を所有し、高カーストで、農村では比較的ゆたかな人々であった。それでいて彼らがなぜ会社の傭兵になったのかについては、次のような理由があげられている。

第一に出身地においてセポイの地位は高く、名誉ある職業であった。収入も農村の基準では高かった（P・メイソンによれば、ベンガル軍のセポイは月給七ルピーの時代に家族に三ルピー程度送金していた）。

またセポイは自分の不満をレジデント（イギリス人の藩王国駐在官）に聞いてもらうことができ、しばしば起きた郷里での土地をめぐる裁判などで有利な扱いを受けると考えられていた。インドには存在しなかった、遺族、退職者への年金も支払われ、一七九六年以降には二〇年勤務で月三ルピーの年金が支払われた。一八三六年には一五年勤務で月四ルピーに引き上げられた。

二　会社軍

雑多な会社軍将兵

イギリスでの一七、一八世紀の会社軍の白人部隊のリクルートは誘拐に近いものであった。募兵を委託されたクリンプス（crimps）と呼ばれた斡旋《あっせん》業者は、インド行きの船の出る直前に人集めをし、船に押し込んだ。インドに着くまでに死ぬ人間の方が多かった、と言われている。人集めが難しく、会社の白人部隊は常に定員割れであった。一七八三〜八七年の期間では一五〇〇〜二〇〇〇人不足していた。

一八世紀の会社軍はコストのかかる騎兵を持たなかったので、白人は砲兵と歩兵に配属された。砲術は白人兵の方が優れており、また白人兵の着剣突撃は白兵戦で威力を発揮したので、白人部隊は不可欠であった。

インド人部隊は白人将校の強いリーダシップの下に成り立つものとイギリス人は信じていた。イギリスのパブリック・スクールはリーダシップの取り方を訓練したので、その卒業生は将校として歓迎された。イギリス人は少数で多数のインド人を支配せねばならなかったので、インド人を従わせるために、戦争で負けることは許されなかった。常勝神話を必要としたのである。

Ｅ・イングラムによれば、イギリスの威信を傷つけ、会社の同盟者を不安にさせるという理由で、英領インドでは戦術的後退も禁止されていた。無敗神話に傷をつけた第一次アフガン戦争（一八三八〜四二年）での惨敗は恥ずべきことで、一八五七年のインドの大反乱の一因になった、と考えるイギリス人が多い。

白人兵の徴募はイギリスだけでなくインドでもおこなわれたので、イギリス人を中心に、ポルトガル人、フランス人、アルメニア人、ユーラシアン（白人と現地人との混血）など雑多な人間で構成されていた。一般にヨーロッパ人部隊という表現が使われるが、現地寄せ集めの白人部隊と言ったほうが適切である。ホジソンの『ベンガル軍の士官、一七五八〜一八三四年』によれば、会社のベンガル軍将校八九九名の国籍は一七ヵ国にわたっており、このほかに国籍不明、「アメリカの王政派」などが加わっていた。

会社の兵士は、白人もインド人もともに傭兵であった。会社軍の将校は会社の私兵であったため、その階級はインド帝国以外では通用せず、帝国内においてすら将官になれず、国王軍から低く見られていた。また国王軍は会社（インド政府）を軽んじたため、その命令をしばしば無視することで知られていた。性格の違う会社軍と国王軍はそりが合わなかった。

上昇志向強い会社軍将校

すでに見てきたように、インドにはイギリス政府の管理下にある国王軍と会社の支配下にある軍隊の二つのイギリス人部隊が駐屯していた。簡単に言えば、一方は正規の政府軍であり、一方は会社の傭兵であった。数のうえでは会社軍の方が圧倒的に多かった。両軍はそりが合わなかったが、確執の原因の一つは、士官の任官動機・出身階層が異なることであった。

「会社軍は、社会的地位が低いか財産がなかったがゆえにイギリス軍将校任官から締め出された人たちに、栄達と報酬を約束する、違った軍人のキャリアを試す機会を与えた」（R・キャラハン）。とくにプラッシーの戦い（一七五七年）のころの会社軍の将校には、行政官も同様だが、一旗揚げててっとり早く財産を作ろうとする者が多かった。一方、国王軍は、会社軍より昇進、待遇などで優遇され、会社軍を自分たちより劣る存在と見ていた。この差別がいがみ合いの直接の原因であった。

P・E・ラッセルズの研究によれば、会社軍における上流階級（貴族とランデド・ジェントリ）の比率は一七五八～一八三四年において一八パーセントで、残りは中流階級であった。少将以上の将官を取り出してみても、上流階級比率は一九パーセントである。軍の上層部でも中流階級が圧倒的に多いことに変わりはない。一方、国王軍における将校の上流階級比率は、一七八〇年において四〇パーセント、一八三〇年において五一パーセントで、残りは中流階級であった。少将以上の将官では、一八三〇年において八九パーセントが上流階級で、中流階級はわずかに一一パーセントにすぎない。国王軍ではこのように、会社軍には見られない軍上層部の上流階級支配が見られた。

会社軍のイギリス人将校には、将校勤めに必要な別途収入や親からの援助が得られない中流・上流階級出身者が少なくなかった。彼らは社会的上昇志向が強く、支配階級入りという目標を持ってインドにやってきた。行政官になれなくても、会社軍の将校になれば社会的には支配階級入りしたと見なされた。

会社軍将校の保身術

会社軍の将校にはさまざまな余禄があり、ジェントルマンのライフ・スタイルが維持できたが、一七五四年のインド軍反逆法（Mutiny Act）によって、同一階級の場合、国王軍に先任権が与えられた。加えてイギリスから派遣される国王軍は、経験の有無に関係なく現地階級で特別昇進した（local brevet）。また会社軍は国王軍に比べて将校のポストが少なく、昇進が遅く、指揮権に見合う階級が与えられなかった。会社軍将校は差別待遇に対する不満が高じて、しばしば抗命事件を起こした。彼らの反逆はホワイト・ムティニーと言われた。

会社軍将校のもっとも重要な行動原理は、国王軍から会社軍の独立性を確保し、会社役員会の干渉から特権を守ることであった、と言われている。もしこのどちらかが脅かされると、将校は抗命事件を起こした。この武器が会社軍を役員会の干渉から守ったと、P・ローソンは指摘している。会社軍は役員会にとって「関東軍」的存在であった。

会社は一九世紀初めに独自の士官学校をアディスコンベに設立、砲兵と工兵を養成した。インドの大反乱後、会社は事実上解散し、一八六一年に会社軍は国王軍に統合されたため、士官学校は廃校になり、以後砲兵、工兵はウーリッジの士官学校から供給された。

国王軍将校の間では、インド行きは歓迎されず、派遣命令は国外追放命令のように受け取られた。国王軍の将校には、会社軍将校のようにインド行きの強い動機がなかったので、高い給与が不満の緩和剤となった。会社軍が国王軍に統合された後も、インド勤務の将校の給与は、本国勤務者に比べ国王軍で二〇パーセント増しであった。なお、会社軍は統合後も独立性を持ったインド政府軍（Indian Army）として残り、そのインド政府軍勤務では五〇パーセント増しであった。インド政府軍のイギリス人将校は、インド兵の言葉、習慣、宗教的慣習に通じ、彼らの忠誠を確保できる、人間管理のプロとして評価された。

将校の出身階級の違いが、性格の異なった二つの軍隊を作り出したといっても過言ではない。こうした軍の二重性は多くの問題を引き起こした。その最悪のものは、インドにおける両軍のいがみ合いと本国での募兵にあたっての競合であった。

三　会社軍の部隊編制

少ない上級将校

インドは「大英帝国の中の帝国」と言われた。その帝国を作ったのは、会社軍であったといって過言でないが、そのバックボーンはイギリス人を中心とする白人士官とスバダール(中隊長)以下のインド人士官であった。すでに見たように、会社軍の圧倒的に多くが白人士官の指揮するインド人部隊であった。部隊の最大組織単位は連隊であった。

連隊は二個大隊で、一個大隊は八個中隊で構成されていた。連隊長は大佐で、連隊には将官はいなかった。中隊長は大尉か中尉であった。一個大隊の将校の数は二二〜二三名で、国王軍に比べると著しく少なかった。連隊には大佐の他に中佐一名、少佐一名の佐官しかおらず、上級将校の数は極端に少なかった。尉官は大尉四名、中尉一一名、少尉五名であった。

会社軍は准大尉（subaltern）の軍隊と言われた。

士官委員会が本国政府との交渉で出した統計によれば、在印国王軍は八一大隊で兵卒の総数は三万六五四〇名、兵士と士官の比率は兵士一四名に士官一名の割合で、兵士四三〇名に対して一名の将官がいた。会社軍は九五大隊で兵卒の数は五万九二八〇名であったが、将官はゼロで、ベンガル管区での兵士と士官の比率は四八対一であった。

会社の役員会は一七七一年にベンガル軍の佐官の定員を大佐三名、中佐八名と定めた。一七八四年においても、会社軍全体で大佐は一〇名、中佐は三〇名しかおらず、この四〇名の佐官で一一万六一一〇名の兵士を統率した。

会社役員に将校の推薦権

会社軍は原則として国王軍のように売官がなく、また本国のコネ（interest）から切り離されていたため、昇進は厳密なシーニオリティ（先任権）によっておこなわれた。ただ士官ポストが少なかったため、昇進速度は極度に遅かった。一七八〇年代には、会社軍の最高位の大佐になるには三〇年以上かかった。インドでは、会社の将校のわずか一パーセント程度しか、それまで生きられなかったのである。

任官は原則として役員の推薦によっておこなわれ、推薦権は役員の役得であった。一七八〇年代、九〇年代には、各管区は毎年ライター（行政官）と将校の欠員数を本社に報告し、役員たちは自分に割り当てられた数のライターと将校の候補を推薦した。H・ティンカーの研究によれば、一八〇二〜三三年に、一一九〇人、年平均では三七人のライターと、七七二七人、年平均では二四一人の将校が、インドに送り出された。数のうえでは圧倒的に将校が多かった。議会報告書によれば任官したライターの半分以上、将校の三分の一は社員の子弟であった。

役員は国王軍のインド駐屯を嫌った。その理由は、役得である将校の推薦権が減ることと、国王軍の方が会社軍よりも維持費がかかることにあった。

将校の余禄

将校にとってインド軍勤務の魅力は厳格なシーニオリティと余禄（perks）にあった、とされている。本国にコネを持たない人間にとって、シーニオリティは最も確実な昇進の保障であった。また会社は株主対策として社員の表向きの給与を低くしたので、不足を他の方法で補うことを認めていた。

将校の給与は駐屯地によって異なったが、一七七〇年代末で、大尉の場合、戦地手当などを含めて二五〇ポンドから六〇〇ポンド、准大尉の場合、一五〇ポンドから三五〇ポンドと、P・J・マーシャルは推定している。余禄の方が本給よりもはるかに多かった。

会社軍の軍人にとっては、正規の給与より余禄が重要であり、戦争に参加し、命がけで戦闘するインセンティブであった。占領地では略奪が許され、大きな戦争に勝利すると戦利品の分配がおこなわれた。階級別の分配額の記録も残っている。アワドの藩王が隣国のロヒラ藩王を打ち破った際、支援を受けたイギリス軍（一個旅団）に謝礼として支払った「ロヒラ・ドネーション」と、コーンウォーリスの第三次マイソール戦争（一七九〇〜九二年）の報奨金の例を見てみよう（表2・3）。

会社は第四次マイソール戦争（一七九九年）の戦利品の分け前として、ウェルズリー総督

階　級	金額（ポンド）
チャンピオン大佐	10,500
ガリエーズ大佐	1,420
中　佐	1,280
少　佐	1,096
大　尉	548
中　尉	274
見習士官	80

表2　ロヒラ・ドネーション

（出所）Raymond Callahan, *The East India Company and Army Reform, 1783-1798,* Harvard University Press, 1972, p.223.

階　級	金額（ポンド）
大　佐	1,161
中　佐	968
少　佐	734
大　尉	308
中　尉	205
少　尉	154
軍　曹	29
そ の 他	14

インド人部隊の階級	金額（ポンド）
スバダール（中隊長）	27
ジャマダール（小隊長）	13
ハヴィルダール（分隊長）	11
その他の階級	5

表3　第3次マイソール戦争の報奨金

（出所）*ibid.*, p.224. ポンド未満の端数は切り捨てた。

に一〇万ポンド贈ることを決定したが、彼は受け取りを辞退している。もし受け取っておれば、記録に残る最高額の戦利品分配金であったであろう。

戦地手当（batta）は、マドラス軍が将校に食糧の代わりに手当を支給したのが始まりとされている。一七五〇年代にインド勤務の労苦と経費の代償としての特別手当になり、最高指揮官から一兵卒まで支給された。ベンガル管区では、傀儡《かいらい》太守のミール・ジャファルが他の管区より高い戦地手当（double batta）を将校に支給し、それが慣例になった。

将校手当（revenue money）は、役員会の一七六八年七月二日付の通達で、ベンガル管区の年間歳入の二・五パーセントで基金を作り、その基金から将校に支給された手当であった。この将校手当の軍人受給者は野戦将校（field officer）のみに限られていた。基金は一〇〇口に分かれており、上級社員にも支給された。将校手当はコーンウォーリス総督の時代までには、さまざまな名称でどの管区でも支払われていた。

バザール基金は、駐屯地のバザールに対する課徴金を原資としていた。駐屯地のバザールは、軍隊に日常的に物資の納入、慰安所の経営など各種サーヴィスを供給する兵站《へいたん》の役割を担い、戦場にも同行した。駐屯地の軍隊は、自分たちを主要な収入源とするバザールに課徴金を課した。

バザールへの課徴金はムガル軍以来の慣行で、会社軍はそれを踏襲したのである、とイギリス人は言う。バザール基金からの手当は、金額の多寡はあったが最高司令官から一兵卒にまで支払われた戦地手当とちがって、部隊と駐屯地を取り仕切る将校にのみ支払われた。会社軍の改革をおこなったコーンウォーリス総督は、バザール基金を悪習の最たるもの、と批判している。将校は給与表で問題を起こしたことはなかったが、余禄の変更にはきわめて敏感で、一致して抵抗したので役員会も手をつけることが難しかった。

白人将校は戦場に数名の自分専用の使用人（キャンプ・フォロワー）を帯同するのが普通だった。第一次アフガン戦争では、約三万人の民間人が物資輸送者、兵士の個人使用人として同行した。一部の将校は妻子まで帯同し、彼らの多くが捕虜になった。マドラス軍では現地兵も家族帯同で従軍した。このように軍人は出陣には元手がかかっており、それを余禄で回収することを期待したのである。

将校の余禄は正式の給与と比較にならないほど多く、会社軍勤務の大佐では年間七〇〇〇〜八〇〇〇ポンドになった、との推定もある。余禄を含めた将校の収入は多そうに見えるが、彼らはイギリスのライフ・スタイルを維持するため、イギリスからの輸入品を購入したので、生活費もかさんだ。将校には借金で身動きできないものが少なくなかった。

福利制度——有給休暇・年金の創設

将校の最大の敵は、気候と病気であると言われた。インドにおける白人の死亡率は高く、極端な例かもしれないが、クライヴとともにマドラスからベンガルに入った二三〇名のヨーロッパ人のうち、一年後に生きていたのは五名だけであった。しかし、会社軍には一七九八年の改革まで賜暇制度がなく、一時帰国中は給与が支払われず、往復の旅費も出なかった。一時帰国は健康管理の点からも不可欠であったが、自費で一時帰国できる将校はごく少数であった。一時帰国した場合、役員会に申請すれば、元の階級で軍隊に復帰することができた。

年金制度もなかったので、本国での生活資金を貯められなかったものは、自分のポストを売ることができる一部の上級将校は別として、帰国したくても帰国できず、インドに留まるものが少なくなかった。

多くの将校はひとたび本国を離れると帰国できるかどうかわからなかったので、自分たちは亡命者であるとの思いが強く、これが彼らを結束させることになった、と言われている。また、てっとり早く金を貯めて、ゆたかな引退生活を送ることを目指したが、それを実現したのはごく少数であった。多くは借金を抱えながら、高齢になっても退職できなかった。

このような状況のなかで、会社軍の将校は、階級と指揮権の対応問題、賜暇、一時帰国などの待遇改善に関する嘆願書を、国王と会社に提出した。そのきっかけになったのは皮肉なことに、ジョージ三世の意向を汲んだ、ピット首相、ダンダス初代インド庁長官による、インドに駐留する二つの軍隊の統合の試みであった。

四　二つの英軍の統合の試み

政府、国王の意向を汲んで統一に動く

国王ジョージ三世は、商業団体である東インド会社の支配下に独立した軍隊を置き続けることに反対であった。一七八四年のインド法成立でインド行政への介入の糸口ができたのを機に、ダンダス初代インド庁長官は独立した二つの英軍の統合、それも国王の軍隊による会社軍の吸収を国王に提案した。国王の意向を汲んで、ピット首相とインド庁長官のダンダスが提案の実施に動き出した。

インド軍改革のシナリオは、軍人でインド総督を務めたコーンウォーリスが描いた。彼もインドに独立した二つの英軍部隊がいるのは戦略上も好ましいことでなく、会社軍を国王軍に統合すべきと考えていた。

当時、イギリスはフランスとの関係が緊迫し、戦争になることは不可避の状況にあった。そうなればインド防衛の軍隊を増派できなくなるため、ピット内閣は一七八七年七月、近い将来の積極的作戦を見込んで、国王軍四個連隊の派遣を決定した。政府はこの決定を会社の役員会に飲ませるため、インド勤務のために徴募する四個連隊の中佐一名とその他将校七七名の任命権を会社に与えることを提案した。

役員は役得に固執

役員は会社軍のインド派遣士官の推薦権を役得として持っており、それを侵害する政府軍の派遣には抵抗した。四個連隊を受け入れ、会社軍を削減することになれば、一八〇〇名の会社軍将校が過剰になり、七八名が新規採用されても、残りは解雇されるはずであった。将校の反乱と現地軍の動揺を恐れる役員会は、統合を受け入れられなかった。

一七八四年のインド法によって、会社は政府がインドへの派遣を命じた国王軍の部隊を一定の限度内で受け入れ、その経費を支払う義務を負わされていた。しかし、会社の白人部隊を削減し、国王軍の増派で置換するダンダスの提案は、会社軍の独立性、特権など、会社の将来にわたる原則問題にかかわるものであった。

役員会も株主総会も受け入れ反対に回り、会社に協力して国王に撤回を嘆願することを、逆にインド庁に要請した。議会もまた、国王の人事権の拡大をもたらす国王軍のインド増派に反対した。会社軍の刷新は、会社（役員会）、インド庁（政府）、将校の三者の合意ができないために進まず、頓挫《とんざ》した。

国王軍の新規インド派遣は、国王、首相、インド庁長官の予想しなかった方向に展開を始めた。会社軍の将校はインド各地の駐屯地に委員会を設置し、ベンガル管区の一三名で構成する実行委員会が、政府との間の交渉役になった。ロンドンでは休暇中の将校も委員会を作り、インド各地の委員会の代表として、一七八八年三月二一日、首相とインド庁長官に会い、嘆願書を渡した。首相とインド庁長官は、国王軍の現地特別階級制の廃止には同意し、会社軍の独立性も保持されたが、将校の待遇・昇進などでは変化がなかった。

国王は会社の四個連隊受け入れ固辞の嘆願を受けつけず、階級の対等性の問題は検討中と回答した。

五　会社軍将校の勝利

会社軍将校が結束

インドでは将校が秘密集会を持ち、結束を固めて政府と会社に圧力をかけた。一方、インドの軍制改革の責任者であるダンダスは、内務大臣を辞任したものの、インド庁長官だけでなく陸軍大臣を兼務していたため、多忙でインド問題に専念できず、現地任せにならざるを得なかった。

一方、コーンウォーリスの後任総督となったジョン・ショア（在任一七九三〜九八年）は社員の出身で、本国の政界に後援者を持たず、弱い立場にあった。軍に対しても強い姿勢で臨むことができず、万事弱腰であった。ショア総督は役員会の指示に忠実で、領土拡張を抑制し、土着勢力の内政に干渉しない政策を厳守した。これは会社の権力が軍隊に依存していることを無視するものであり、軍に嫌われることになった。

会社軍の将校団は本国とベンガルに委員会を作り、両方から政府と会社に圧力をかけた。一七九三年二月にはフランスとの戦争が勃発し、時も味方して将校たちは予想以上の成果を上げることになった。

一七九八年に会社軍のイギリス人将校は国王軍と階級の対等性を獲得したうえに、国王軍とは独立の組織として残ることになった。連隊長は大佐のポストになり、将校のポストも増えた。各管区に将官ポストも新設され、二〇名の会社軍将校がただちに少将に昇進した。シーニオリティによる昇進制度は中佐までは変わらなかった。大佐以上の昇進は、シーニオリティから任用制に変更された。イギリス政府は国王軍の現地特別階級制を廃止し、今後、現地階級を与えないことを誓約した。賜暇、病気療養帰国、年金制度もはじめて導入された。インドで二八年間勤務（三年間の本国休暇一回を含む）すれば、将校は退職時給与が年金として支払われるようになった。このように将校の獲得した成果は大きかった。

ただし戦場手当、将校手当、バザール基金などの、将校の余禄はほとんど廃止され、それを補償する手当が支払われたが、余禄の廃止に対する不満はしばらく消えなかった。手当はすべての管区で同一になった。会社軍の改革で将校をなだめるため、会社は年三五万ポンドの負担増になったと言われている。

ダンダス長官はジョージ三世とピット首相の協力と持続的な支持を受けながら、会社軍と国王軍の統合に努力をしたが、結局失敗に終わった。会社軍は独立の組織として残り、インドの大反乱で会社がインド統治から外されるまで、国王軍に統合されることはなかった。

その理由として、R・キャラハンは次の二つを挙げている。まず、政府は会社軍が強力な存在であることを理解しなかったこと。もし将校が本社あるいはカルカッタの総督の命令を拒否すれば、会社はゴリ押しできず、撤回するしかなかった。第二に、社員・将校の推薦権を失うことを恐れた役員と、国王の任命権が増大することに反対する議会が、将校支持に回ったことである。一八五三年の特許で、役員はライターの推薦権を奪われ、採用は公開試験になったが、会社軍の国王軍への統合は問題にならなかった。

会社軍の消滅と後始末

会社軍の将校は一七九八年の軍事改革をめぐる闘争に勝利したあと、一八五七年のインドの大反乱の結果、会社がインド統治から外れるまで生き延びた。しかし会社が統治から外れると同時に、会社の白人部隊は、自動的に国王軍（一〇一～一〇六連隊）になった。カニング総督（在任一八五六～六二年）は白人部隊を残すことを希望したが、本国政府は認めず、統合された。

インド政府は新条件で全員を雇用することを提案したが、一万一一六名が退役し、イギリスに帰国した。大多数が再任官すると予想されていたのに、実際には二八〇九名しか再任官

ロバーツ元帥

しなかった。軍人のなかでも、インドとのさまざまな結びつきを作っているものは、インドに留まることになった。古参の兵士には現地妻を持ち、家庭を作っているものもいた。一八世紀末まで、少佐以下の階級で正式に結婚しているものは例外であったようだ。一八三〇年代にイギリスから女性が多く来るようになるまでは、現地妻を持つのはごく普通のことであった。

将校はなにかと出費のかさむ国王軍でやっていけるほどに収入が多くないことに不安を覚えた。政府は軍人の不満をなだめるため、退役する約一万人には退職金を払い、将校にはインド人連隊のポストを与えた。イギリス兵の退職・送還などに要した経費は二五万ポンドに上った。

会社軍から国王軍に再任官した将校のなかには、のちにインド軍司令官（一八八五～九三年）からボーア戦争の司令官になったロード・ロバーツがいる。彼は第二次アフガン戦争（一八七八～八〇年）で、一八七九年八月、カーブルからカンダハルまでの三一三マイルを、一万の兵を率いて二二日間で強行軍し、カンダハルのアフガン軍を撃破し、イギリスの威信を回復した。それで一躍イギリスの国民的英雄になった。彼は会社の士官学校アディスコンベを卒業後、ベンガル砲兵隊に入隊（一八五二年）、会社の消滅で国王軍砲兵隊に再任官した一人である。

インド政府軍については英印比率の変更、インド人砲兵団の解散、兵士の徴募地の変更がおこなわれた。七四連隊中五六連隊、兵員で言うと、一二万八〇〇〇名のうち一二万名が反乱に参加したベンガル軍では、英印構成比率は一対一に、他の二管区では一対二に決められた。旅団の編制は、イギリス人連隊一にインド連隊二を目標とした。

インド兵の採用は、反乱の中心になった連合州のラージプートとバラモンが減り、シク、パンジャブ、ドグラ、グルカの数が増えた。一八九三年からは体格が大きく見栄えがよく、「尚武の民」と称されたパタン、シク、パンジャブの部隊が増え、小柄なマドラス兵の部隊は減らされた。

六　インドの大反乱後も傭兵頼みのインド政府軍

イギリス人士官に人気のインド政府軍勤務

インド政府軍は従来通りイギリス人士官が指揮した。インド政府軍勤務はイギリス人士官に人気があり、優秀な人材が集まった。C・C・トレンチによれば、一九一三年のサンドハースト卒業生で成績上位二五名中二〇名がインド政府軍勤務を選択した。第一次世界大戦後は以前ほどの人気はなくなったが、早い昇進、高い給与、インド政府の外交官であるＩＰＳ（Indian Political Service）への転籍の道も開かれていること、実戦機会が多いことなどで、多くのイギリス人士官をひきつけた。

ＩＰＳはインド政府外務省（外務大臣は総督が兼任）の外交官であるが、勤務先が藩王国と部族地域、ペルシャ湾岸、その他辺境地域であるため、ＩＣＳとインド政府軍の士官の両方から採用された。実働人員は一〇〇～一二〇名で、軍人と文官の比率は、七〇パーセント対三〇パーセントであった。ＩＰＳは年金がＩＣＳと同じ年一〇〇〇ポンド、軍人年金よりも高額で、軍人には人気があった。

人気の高いインド政府軍への任官は容易ではなかった。イギリス人将校は上級語学試験に合格するまで、本国休暇もインド政府軍におけるポストもなかった。将校と兵士の間の会話はウルドゥー語（グルカ兵のみグルカ語）でおこなわれた。英語は使われなかった。将校はウルドゥー語の他に、兵士が自分の郷里で話す言葉、パシュトゥー、パンジャビ、マラティー語などの習得も求められた。

インド政府軍将校の募集方式は連隊単位ではなく、一元化された。全イギリス人将校が所属するIndian Staff Corps（インド政府軍将校団）がサンドハーストの卒業生を直接採用し、連隊とスタッフ業務に配属する方式に変更された。インド政府軍勤務者は名前のあとにIndian Armyをつけた。

インド兵は何のために戦ったか

インド兵は傭兵として何のために戦ったのであろうか。もっとも基本的問題でありながら、われわれには分かりにくい。他に雇用先が少なく、収入のために戦ったことは事実である。しかし、だれに、何に忠誠を誓ったのであろうか。インド政府軍勤務を経験したイギリス人将校は、兵士の忠誠の対象は直属上官（his sahib）であり、連隊旗であると言う。そして連隊の名誉のために戦ったのだと。

このような主張は、将校と兵士の関係を、父と子の関係、家父長主義的関係と見なすことを前提としている。将校と兵士は親密な関係を持ち、将校は兵士の信頼と忠誠を得なければならない。将校が替わったばかりの部隊では、このような関係が築かれず、戦闘能力が落ちたと言われている。将校にはインド兵を引っ張る強いリーダシップが要求され、優秀な将校を供給できるのはイギリスのパブリック・スクールだけである、とされた。パブリック・スクールは古典教育と肉体を鍛錬する団体競技によって、そのような人間を作ったので、帝国のエリキサ（人に不死を与える物質）と言われた。

インド兵はなぜ抗命事件を起こしたか

インド兵とイギリス人将校の関係がうまくいかなくなり、インド兵が抗命事件を起こしたことは少なくない。その最大のものは、一八五七年のインドの大反乱におけるベンガル兵の反乱である。それ以前の大規模な抗命事件は、一八五七年の大反乱と原因が似ている一八〇六年のヴェロールの軍事反乱、一八二四年のバラックプルにおけるビルマ派遣に対する抗命事件である。

これら三つの事件は、彼らの生活習慣、カースト、宗教にかかわるものが侵害されると感じられた時に起きている点で共通している。ヴェロールの反乱は、インド兵に対して度重なる制服の変更、カースト・マークの使用禁止、髭を生やすことの禁止などの措置がとられたことから、自分たちをキリスト教に改宗させる意図があるのではないかとの疑念を抱いたことが原因とされている。この事件では、イギリス人将校九人、イギリス兵一〇五人、インド兵三五〇人が死亡した。

二番目の大規模な抗命事件は、対ビルマ戦準備中にベンガル軍で起きた。インド政府はベンガル軍をビルマに陸上移動させようとしたが、技術的に難しく、海上輸送に切り替えることにした。しかしヒンドゥー教徒の兵士が、海を渡るとカーストを失うとして命令を拒否、一八二四年一〇月、バラックプルの練兵場に集結したところを、イギリス人砲兵がイギリス人歩兵の支援を受けながら砲撃し、鎮圧した。ヒンドゥー教徒の兵士にとって、カーストを失うことは死に等しく、抗命事件を引き起こしたものと思われる。

一八五七年の大反乱も直接の原因は、新式銃の薬包《やくほう》に使用されている油脂が牛脂、あるいは豚脂ではないかと、兵士が疑問を抱いたことにあった。従順な傭兵でも、自分たちの尊厳とアイデンティティーを傷つける不条理な命令は拒否し、命をかけて抵抗した。

東インド会社は、インド人の慣習を尊重しながら統治した。インド人の宗教、習慣、風俗にはできるだけ干渉しないという原則を持っており、摩擦を引き起こすに違いないキリスト教の布教は認めない政策をとってきた。しかし、イギリス本国で宗教熱が高まり、会社の役員のなかにも、チャールズ・グラント会長（一八〇五、〇九、一五年）のような熱心なエバンジェリカル（福音主義者）が出てきて、インドでの布教公認のために働き、一八一三年の特許状更新で英領インドにおけるキリスト教布教が公認された。一八三三年以降は、民間ヨーロッパ人の居住制限が解かれ、多くの布教者がインドに入国、布教活動に従事した。

皮肉なことに、インドで大反乱が起きると、インドでのキリスト教布教に反対してきた会社がその責めを負わされ、統治から完全に外された。大反乱は急激な近代化に対するインド人の不安が有力な原因になっていることを政府も認め、インド人の宗教、習慣、風俗には干渉しないという原則が再導入された。

イギリスはインド兵の反乱では痛い目にあったが、傭兵制度を廃止せず、英人比率を少し高めただけで、インドの独立まで傭兵制を続けた。傭兵なしにはインドの防衛に必要な兵力を維持できなかったとはいえ、イギリス人の異民族統治能力と自信には脱帽である。

海外派兵

インドの最大の資源は人口であった。イギリスはインドのデモグラフィック・パワー（人口力）を、帝国の発展・維持のために最大限に活用した。インド人はビルマの稲作、マラヤのゴム栽培、東アフリカの鉄道建設などに労働力を提供した。インド政府のペルシャ湾地域在外公館の下級職員、医務官はインド人であった。現在、印僑は世界中で活躍しているが、彼らの祖先の多くは大英帝国での成功の機会を求めて自発的に、あるいは強制されて国を出たものである。印僑は今日のインドの経済発展の推進力として重要な役割を演じている。

インド政府軍はイギリスが世界に展開する兵力を補完するのに必要不可欠であった。スエズ以東のイギリスの権益はイギリス海軍とインド陸軍が防衛した、とまで言われている。インド政府の陸軍がイギリスの代行をしたので、イギリスはこの地域にはインドの大反乱のような特別な場合しか大規模な陸軍を派遣する必要がなかった。

一九世紀末期には、イギリスの一人当たり軍事費はヨーロッパ諸国のなかでは最高であったが、インド政府の軍事費はそれに含まれなかった。イギリスはインドの費用でインドに常備軍を持てたので、最大の海軍国であると同時に一大陸軍国でもあり、会社統治の時代にも必要に応じて軍隊をアジア、中東、アフリカにまで派遣した。

会社統治の時代の主要な国外派兵は以下の通りである。

(1)　インド軍の最初の海外派兵は一八〇一年、エジプトに対しておこなわれた。イギリス政府はナポレオンのエジプト侵攻をインドへの侵攻の始まりと深刻に受けとめたが、それに対処する兵力をイギリスから出せず、インド軍三〇〇〇名を派兵した。

(2)　ミントー（初代伯爵）総督（在任一八〇七～一三年）は対仏戦争中の一八一〇年、西に向けてはフランス領ブルボン島とモーリシャス、東に向けてはアンボイナとモルッカ諸島占領のため、インド軍を派遣した。翌一一年には、みずから艦隊を率いてフランス支配下のジャワ島を占領し、スタンフォード・ラッフルズを準知事に任命し、四年間統治させた。ラッフルズはジャワをイギリス領にすることを進言したが、イギリスは対仏関係でオランダの力が低下することを心配して、講和成立後、オランダに返還した。ラッフルズはまた、マレー半島の先端に位置するシンガポールの植民地化をモイラ（ロード・ヘイスティングズ。在任一八一三～二三年）総督に進言、これは一八六四年に実現した。ミントーのジャワ遠征は、東南アジアにおける大英帝国領の端緒を作った。

(3)　ミントーの後任総督のモイラ（ロード・ヘイスティングズ）は、ネパールのグルカ族によるアワド藩王国への侵攻を口実に、一八一四年一月、グルカに宣戦布告し、ヒマラヤ山麓からグルカを掃討した。ネパールはインドの藩王国と同じ保護国になり、イギリス人のレジデント（外交官）を受け入れた。ネパールとは長期にわたる平和が維持され、ネパールはインドの大反乱ではイギリス支持に回り、後にグルカ兵の供給元になった。グルカ兵は今日でもインド軍に傭兵として雇われている。

(4) インド軍は三次（第一次一八二四〜二六年、第二次一八五二年、第三次一八八五〜八六年）にわたるビルマ戦争にも動員された。イギリスはビルマについて知識も情報もないまま侵攻、長期戦になり、多くの犠牲者を出した。第三次戦争でビルマ国王がインド軍の捕虜になり、国外追放され、ビルマはイギリスの植民地になった。最初のビルマ派兵では、すでに述べたように、インド兵がバラックプルの兵営で抗命事件を起こした。

(5) インド軍の国外派兵での最大の失敗は、遠征部隊が全滅、約二万名の犠牲者を出した第一次アフガン戦争（一八三八〜四二年）である。イギリスにはロシアの脅威に備えるインドの北の防衛線をどこに置くかをめぐって対立する二つの考え方があった。一つは前進派で、可能な限り北に防衛線を置くことを主張し、アフガニスタンを保護国化することを目指した。もう一方の慎重派は、インド国境を防衛線としてアフガニスタンの内政への不介入政策をとった。

第一次アフガン戦争は、前進派のパーマーストン外相の時代に、オークランド総督（在任一八三六〜四二年）がアフガンに傀儡《かいらい》政権を作るため、一八三九年八月、約二万人のインド軍をカーブルに派遣したが、アフガン人の蜂起と冬の寒さで撤退中に全滅した。この大敗北でイギリス軍の不敗神話は崩れ、会社の威信を著しく傷つけた。

(6) 三次にわたる対中戦争に派遣されたのもインド軍である。一八四〇年、イギリス議会はイギリス商人の所有するアヘンが中国当局によって没収、焼却されたことを理由に、対清宣戦布告をおこない、艦隊を派遣、アモイ、寧波、上海などを占領した。この第一次対中戦争（アヘン戦争）ではマドラス軍とベンガル軍の兵士が動員された。

会社の時代のインド軍の主要な海外派兵は、以上のようなものであるが、インドの人口力が遺憾なく発揮されたのは、のちの第一次世界大戦と第二次世界大戦においてで、会社の時代とは比較にならない多数のインド兵が、長期にわたって海外に派兵された。

インド兵は、西部戦線、ドイツ領東アフリカ、パレスティナ、ガリポリ、メソポタミアなどの主要な戦場に送り出された。激戦になりイギリスが苦杯をなめたガリポリとメソポタミアでは、多くの死傷者を出した。インド軍が主力となったメソポタミアのクトの防衛戦（一九一四年）ではトルコ軍に包囲され、食糧が尽きて、一万人以上のインド兵が捕虜にされた。クトの降伏は、一八四一～四二年のカーブルの大敗北に匹敵する打撃をインド軍とインド政府に与えることになった。

第六章　インドの高級官僚——ジェントルマンリー・ルーラー

一　社員の採用と行政官教育

採用は役員による推薦制

イギリス東インド会社では社員をサーヴァントと呼び、軍務以外に従事する従業員をシヴィル・サーヴァントと呼んだ。これが公務員という言葉の起源とされている。商人をルーツとする社員は、会社が領土の支配者になると、徴税官、裁判官などの統治者に変身せざるを得なかった。といっても、モデルにするような官僚制が世界のどこにもなく、東インド会社は必要にせまられて、試行錯誤を繰り返しながら統治者（行政官）を作り上げていった。

初期のころは、社員になるには一五歳くらいで見習いとして入社した。そして実務経験を積み、ライター、ファクター、ジュニア・マーチャント、シニア・マーチャント、プレジデント（ガヴァナー）と昇進していった（六三頁の表1参照）。このように、会社は一六七五年に制定された独自の職階制度を持ち、自分たちを国王陛下の官僚と見なしてきた。この職階制は、のちの一八四二年に名称と職階が三級、二級、一級公務員と変更されたことにより、本国の公務員制度にさらに近づいた。

会社は一六九四年に見習いの採用を中止し、ライターの直接採用を始めた。この年に当時としては珍しい商業会計を教えるクライスツ・ホスピタル校の卒業生を一〇名採用し、インドに派遣した。

この当時の会社は、社員の研修について方針も機関も持たず、採用者（一五〜一八歳）の一部を同校に送って、商業科目を研修させる程度であった。採用者の大部分は研修も訓練も受けないままインドに送られ、語学研修もおこなわれなかった。

のちに総督になるW・ヘイスティングズは、ムガル帝国の公用語であり、法廷でも使われていたペルシャ語を社員に習得させる必要性を認識し、オックスフォード大学にペルシャ語の教授を置き、そこで新入社員の研修を実施することを役員会に進言したが、役員会は彼の進言を受け入れなかった。

会社は一七九〇年にはじめて、新入ライターに対するペルシャ語研修手当をつけた。手当はペルシャ語の家庭教師を雇うためのもので、一ヵ月三〇ルピーで一年間支払われた。この手当がライターのペルシャ語の能力アップにどれだけ寄与したかは、記録に残ってない。

理事の推薦による社員採用は一七一四年に制度化され、この採用方式は一八五五年に公開試験による採用が始まるまで続いた。採用権は私有財産であったので、理事の役得になり、売買されることもあった。会社の理事になり手が多かった理由の一つはこの役得にあった、と言われている。その一方において、実際には売買は例外で、採用権は多くの場合、役員の近親者に与えられたため、アングロ・インディアン・ファミリー（何代にもわたってインド勤務者を出した家族）を生み出したことも指摘されている。

最初の社員教育機関——フォート・ウィリアム・カレッジ

行政官に対する需要は急増したものの、イギリスにもインドにも行政官の教育ができる学校や学部はなかった。そこで若い人たちの能力を引き出し、時代の要請に応える教育をする学校（カレッジ）の設立に会社がみずから乗り出すことになった。時代の最先端を行く会社には、それだけの財源と人材があった。

そのためのイニシアティヴをとったのが、ベンガル総督のウェルズリーであった。インドはイギリスのドミーニオン（自治領）にすべきとの統治ヴィジョンをもち、インド統治には商人とは違った行政官を養成しなければならないとして、約二五万ポンドをつぎ込んで、一八〇〇年五月、カルカッタに行政官の教育と東洋学の研究を目的としたフォート・ウィリアム・カレッジを開校した。

彼は貴族総督でしかも独断専行型の人であったため、本社の役員会に相談せずにこれを設立、事後報告で済ませようとした。インド庁長官のダンダスも後押ししたが、役員会はカレッジの設立計画を承認せず、一八〇二年一月二七日付でいったん廃校にしたうえで、語学と政府関係法規を教える学校として許可した。同校の名称は変わらなかったが、一八〇六年にはベンガル管区の東洋語学校に格下げされ、五四年まで存続した。

カレッジの教育内容

カレッジが設立されると、イギリスから送られてきた研修生はここで三年間教育を受けた。研修生には年二回の試験が課せられ、すべての試験の合格者には、三学年末に学力証明書と学位が授与された。教育目標は高く、イギリスで同種の職業に就く人が学ぶ文系、理系の科目と、インド理解に必要な科目の習得ができるようになっていた。カレッジでは古典学、ヨーロッパ近代史、地理、数学、政治経済学などの他に、インド史、ヒンドゥー法、イスラム法、東洋諸語（アラビア、ペルシャ、サンスクリット、ヒンドスタニー、ベンガル、テルグ、マラティー、タミール、カンナダ）などが講じられた。簡単に言えば、将来の行政官に必要な法律の知識と現地語を研修期間中に叩き込んだ。

フォート・ウィリアム・カレッジは当時の学校の例にもれず、キリスト教を教育の基礎に置いていた。カレッジの学長と副学長にはイギリス国教会の聖職者が迎えられ、二人は研修生にキリスト教の教義を教えながら素行指導もした。宗教がこのように前面に出てきたのは、若い社員がヨーロッパを席巻したフランス革命の影響を受ける恐れがあると考え、その防波堤の役割をキリスト教に求めたからであった。大学の教員は、⑴国王への忠誠、⑵キリスト教の教義あるいは国教会の教義に反対するいかなる教義もしくは見解も、たとえ非公式であっても教えないこと——を誓約させられた。

ウェルズリー総督は役員会から廃校命令を受けた時、すでに学生を受け入れ教育しており、すぐには廃校にできないとして、命令を無視して六年ほど教育を続けた。カレッジの存続期間は短かったが、卒業生のなかから優秀な行政官が輩出したため、その教育成果とウェルズリーの先見性は高く評価されている。「ウェルズリーはインド統治をエリートのビジネスにした」（L・ジョン）。

フォート・ウィリアム・カレッジはベンガル管区の語学学校に格下げされたとはいえ、イギリス人だけでなく多数のインド人スタッフ（ペルシャ語科三三名、ヒンドスタニー語科四〇名、ベンガル語科一四名、アラビア語科四名、サンスクリット語科五名）を擁して、イギリスの出版物のインド諸語への翻訳、インドの古典、哲学書のヨーロッパ諸語への翻訳をおこない、文化交流センターの役割を果たした。ベンガルはこの文化交流の最大の受益者で、ベンガル・ルネッサンスを現出させた。英語教育を受けたインド人の最初の集団が生み出され、彼らは他の地方に進出していった。

ヘイリーベリー・カレッジで社員教育

役員会は総督の権限強化につながるカルカッタでのカレッジの設置には反対したが、社員教育の必要性は認識していた。それゆえ、カルカッタのカレッジを廃校にすると、ウェルズリーの学校構想をそっくり取り入れたイースト・インディア・カレッジを、一八〇六年二月、ロンドン郊外のハートフォード・キャスルの仮校舎で開校した。翌年、ヘイリーベリーに本校舎が完成し、そこに移転した。

ヘイリーベリー・カレッジ（1810年）

ヘイリーベリー・カレッジの開校を受けて、一八一三年特許法は同校で四学期間（二年間）修学したもの以外のライターへの採用を禁じた。ヘイリーベリーは会社の文官の独占的教育機関になり、のちに「特権の巣」と批判されるようになった。

ヘイリーベリーはフォート・ウィリアムの教育方針と教育カリキュラムをほとんどそのまま踏襲した。教育の基礎にキリスト教を置く点でも、両校は同じであった。両校ともに教授陣のほとんどが聖職者であった。ヘイリーベリーでは初期の教授陣六名のうち四名まで福音主義者であった。

ヘイリーベリーのカリキュラムは「オリエンタルズ」と「ヨーロピアンズ」に分かれていた。オリエンタルズは東洋諸語中心のカリキュラムで、学生は卒業までに三言語の習得を要求された。授業時間の八割はオリエンタルズに充てられた（H・メルヴィル校長の議会証言）。ヨーロピアンズでは古典言語、数学、法律、インド法などの他に、他の大学では教えられていなかった政治経済学、ヨーロッパ近代史が教えられた。オックスフォード、ケンブリッジの両大学のカレッジで、歴史が主要科目としての地位を確立するのは一八七〇年代初期であるから、ヘイリーベリーの先進性が理解できよう。

会社は教授を厚遇し、学長には一〇〇〇ポンド、教授には五〇〇ポンドの年俸を支払い、優秀な学者を招聘《しょうへい》した。ヘイリーベリーの歴史は五〇年ほどであったが、同校の教授の多くが重要な著作を残している。日本人にもよく知られている『人口論』のT・R・マルサスは、政治経済学の初代教授であった。世界から人口問題、食糧問題がなくならない限り、彼の名前は忘れられることはないであろう。

二　東インド会社一家

学生は理事の推薦で入学

ヘイリーベリーはパブリック・スクールと大学のカレッジの中間的存在であった。学校の教育は外国語をのぞいて、インドですぐに役立つ知識の詰め込みではなく、イギリスの植民地官僚を特色づける「ジェントルマンリー・ルーラー」の育成をねらいとしていた。

学生の入学資格年齢は一五歳（一八三三年に一七歳に引き上げ）から二二歳であった。入学者の学歴については、ヘイリーベリー廃校直前の五年間（一八五一〜五六年）についてのJ・M・コンプトンの調査からだいたいのことが分かる。

彼の調査によれば、三分の一はメジャー・パブリック・スクール九校（チャーターハウス、イートン、ハロー、マーチャント・テイラーズ、ラグビー、セント・ポールズ、シュルーズベリー、ウェストミンスター、ウィンチェスター）出身で、さらに一七・八パーセントが大学か歴史の新しいパブリック・スクールの出身者であった。個人教授かあるいは家庭での教育を受けたものは半分弱であった。

ヘイリーベリーはこのような入学前の教育水準の違いから生じる欠陥を補正した。履修科目については年二回、学期末に試験が実施され、全生徒に順位が付けられた。配属先は成績によって決められたので、成績は学生にとって重要であった。落第生は文官としては採用されず、インドに行く場合は士官になるしかなかった。こうして無能な卒業生を排除したので、本国よりもずっと早く行政の基本的能率を確立し、目に余る汚職を追放することができた。

学期末には、会社の理事たちが学校に出向いてきて、成績の優秀な学生を表彰し、学生たちと懇談した。在校生は二学年合わせても七〇〜八〇人程度の少人数であり、しかも学生たちは理事の推薦で入学しており、懇談を通じて両者の親密度を高めた。

ヘイリーベリーには理事の推薦を受けたものしか入学が認められなかった。東インド会社の役員は、ライターをはじめ、将校、医師補、専属牧師などの任命権を持っていたが、最も価値の高いライターの場合、一八〇六年以降、理事（総計二四名）は一人一名、会長、副会長は各二名、インド庁長官は二名の任命権を持っていた。インド庁長官の二名には法的根拠はなかったが、役員会は監督官庁に対する儀礼として与えていた。

野心的な役員やインド庁長官が、学生推薦権を一族や郷党のために利用したことはよく知られている。たとえば、サリヴァンはアイルランド人でクライヴのライバルだった人物であるが、彼は長期間役員を務めたことから、社員任命権を利用して一人息子をはじめ三人の兄弟、その他一族を多数インドに送り込んだ。彼のネポティズム（身内びいき）は、一八世紀の基準からしても目に余るものがあったと言われている。

インド庁の初代長官ダンダスは、最初はコミッショナー、のちには長官として一七八四年から一八〇一年までインド庁に君臨し、多くのスコットランド人をインドに送り込んだことで知られている。またダンダスの友人で、会長を三回（一八〇五、〇九、一五年）務めたチャールズ・グラントも、三〇年間にわたり推薦権を行使、若いスコットランド人をインドに送り込んだ。サリヴァンとダンダスは、アイルランド人、スコットランド人のインド勤務者を増やすことに一役買った。

役員推薦による入学方式は、ヘイリーベリーの歴史を通じて変わることはなかった。これに対しては批判も強く、一八五三年の議会の公聴会では「私的・個人的動機でインド勤務の任命がなされると、特定の家族と特定のコネクションのカーストにならないか」との質問が議員からなされた。これに対して、哲学者・経済学者であり、東インド会社本社で役員がインドに送る書類の草稿書きをしていたJ・S・ミルは「役員の手にある社員任命権が、役員に選ばれるために利用されたという話は聞いたことがあります。役員ができることは候補者を送ることだけで、それから先は本人の努力次第であり、特定のポストへの任命に対する影響力はありません」と答えている。

ヘイリーベリーは、学生を役員の推薦でのみ入学させたという意味では閉鎖的であり、特定の階層の出身者が多く集まることになった。「もし、社員任命権が国王（政府）に与えられていたら、政党政治の下では、中流階級にこんなに多く与えられなかったであろう」（J・C・メルヴィル校長の議会証言）と言われている。

推薦制の後に出てきた公開試験は、向上心の強い中流階級の若者をひきつけ、理事推薦入学時代以上に中流階級が進出した。「インドは、帝国の他の地域が提供できない、社会的上昇を志向するイギリス人家族の実入りのいい就職先」（P・J・マーシャル）になった。

ミドル・クラスの牛耳る会社

ヘイリーベリー開校後は、役員のライター任命権は、同校への入学者の推薦権として残った。理事は一七九三年特許法に基づき、就任後一〇日以内に、推薦に際して賄賂をとらないことを誓約させられた。推薦を受けた学生は、役員会の任命した試験官によるギリシャ語、ユークリッド幾何学などの簡単な試験を受けて、入学を許可された。一度失敗しても、六ヵ月後に再受験できた。推薦入学方式に批判が高まったことから、一八三三年特許法で四名の候補者から一名を選ぶことにしたが、この決定は実行されず、四年で廃止になった。

会社の理事によるヘイリーベリー推薦入学制は、特異な学生の構成を生み出した。縁故関係が幅を利かしたため、インド関係者の子弟が多く入学し、二代、三代にわたってインドに勤務するアングロ・インディアン・ファミリーの形成を許すことになった。

ヘイリーベリーの最後の五年間に推薦された学生の四五パーセントがインド関係者で、その半分以上がICSの子弟であった。彼らに次いで多いのが、貴族・地主（二六・八%）、三位は聖職者（二一・三%）、以下、法律家・医者（八%）、軍の将校（三・三%）、商人（二・三%）、その他（〇・九%）の順であった。

J・S・ミルは、特許更新に関係して一八五二年に議会でおこなった証言のなかで、ICSは本質的にミドル・クラス（政治に関与しない階級）であると述べている。

会社の時代には、ICSの採用が試験制になってからのように、学生の出自や階級が問題になることはほとんどなかった。イギリス議会の特別委員会は、ヘイリーベリーの教育レベルについて、イギリスの大学に比肩すると評価している。

ヘイリーベリーの学生はしばしば羽目を外したため、粗暴であるとの世評が生まれた。しかし、卒業生の多くが優秀な行政官になったため、カレッジの評価は下がらなかった。ただ、年間の授業料が一〇〇ポンドと高く、父兄のなかには生徒を早くインドに送り込むことを希望するものが少なからずいた。

東インド会社時代のICSはヘイリーベリーが独占的に供給したので、彼らは日本流に言えば、同じ釜の飯を食った人間であり、共通のカルチャーを持っていた。仲間意識が強く、ICS一家であった。会社の時代には、お互いをよく知り、スポーツで友情を培った人間がインドを統治した。全員で共同生活をする経験を経なかった公開試験合格者たちは、良きにつけ悪しきにつけ、ヘイリーベリー卒業生のような強固な仲間意識を持たなかった。またヘイリーベリーには一名のインド人も入学が認められず、会社の時代にはインド人ICSは生まれなかった。

公開試験の導入とヘイリーベリー閉校

ICSの公開試験制導入と同時に、ヘイリーベリーの閉校が決まった。一八五三年の特許法は、同校の学生とともに他の候補を試験によって文官に任命する権限をイギリス政府に与えたが、同校の閉校までは規定されていなかった。改革推進者たちは同校を研修センターとして残すことを考えていたが、公開試験によって思惑通りに大学生や大学卒業生が採用でき

チャールズ・ウッド

るならば、彼らの年齢、学歴からして同校での研修は不要であるとの方向に傾き、チャールズ・ウッド・インド庁長官は一八五四年一一月、ヘイリーベリーの閉校を決定した。

　最初の公開試験がおこなわれた翌年、一八五六年にヘイリーベリーは最後の入学生を迎え、彼らが二年後に卒業したときに五二年の歴史に幕を閉じた。同校は五二年間に一九八五名の学生（年平均三八名）を受け入れたが、二八一名（一四％）が卒業していない。落第生の大部分は、将校としてインドに行った。試験組の第一期生は、一八五六年にインドに赴任した。

　ＩＣＳの公開試験は東インド会社のインド支配終焉前に始まっており、会社の解散とは全く無関係である。

　インドの大反乱では一万名以上のイギリス兵が死亡した。その後の戦闘に比べて、戦死者は将校一五七名（全体の約四％）、兵士二六〇〇名（全体の約二・七％）と少なかったが、日射病など病気で八〇〇〇名以上が死亡、三〇〇〇名以上が障害を負った。ＩＣＳも三三名が殺害され、九名が病死し、全体で四二名が死亡した。これは現役ＩＣＳの約五パーセントに相当した。空席補充の必要から一八六〇年まで、ＩＣＳ採用者は本国での研修を受けずにインドに送り込まれた。

インドの大反乱はイギリス人に大きな衝撃を与え、イギリスはキリスト教的価値観に基づいてインド社会の慣習を改革することに慎重になった。しかし、インド政策の立案・実行の担い手は変わることなくＩＣＳであった。イギリスのインド統治の一貫性はＩＣＳによって保障された。

三　公開試験の時代へ

理事推薦から公開試験へ

最後の特許法となった一八五三年法で、会社はインド統治機関として残ったが、役員によるヘイリーベリーとアディスコンベ士官学校への学生推薦制度は廃止された。ＩＣＳの採用は公開試験制になった。本国の公務員採用が推薦（コネ）採用であった時代に、公開試験によるＩＣＳの試験は革命的であった。形式のみとはいえ会社がまだインド統治している時代において、理事の役得であったＩＣＳ推薦権を奪って、公開試験制が導入されたのである。

一八五三年という年にＩＣＳの採用方法が変更された理由はきわめて政治的である。時の権力によってＩＣＳの任命が利用され、政治を腐敗させることのないように、ＩＣＳの任命への政治介入はしないという原則がイギリス政治では守られてきた。ＩＣＳをはじめとするインドの人事は、政治から独立した役員会にゆだねられてきた。

それゆえ、役員会から推薦権を奪った場合も、政治からの独立の原則を崩すことのないよう、政治の介入余地のない公開試験が導入されることになった。公開試験による公務員の採用は画期的なことであったが、こうした採用方法の存在自体は、すでに当時の多くの人に知られていたようだ。J・S・ミルは一八五三年の議会証言で「もし役員から社員任命権を奪った場合、あなたの意見ではどうすればよいのか」という議員の質問に、次のように答えている。「公開試験にゆだねるべきだ。フランスでは一部の役職がコンクール（公開試験）で与えられている」。

ロード・グレンヴィルは、一八一三年の特許法制定に際してICSの採用は名門パブリック・スクールと大学の卒業生、学生を対象とした公開試験にすることを主張した。彼の主張は会社関係者の抵抗にあって通らなかったが、その後のICS選抜法改革論争のたたき台となった。そして一八五三年の特許更新では、インド庁長官のチャールズ・ウッドとインド統治に深くかかわったロード・マコーレイの尽力で、特許法のなかに公開試験による文官採用の権限を政府に与える条項が加えられた。

議会は特許更新に際して慣例となっていた二〇年の期限を認めず、それ以前に廃止する意向を明確にした。そうなればICS選抜権が国王、すなわち本国政府のものになり、政党のおもちゃにされる恐れがあった。そもそもインド統治を政府の直接統治にせず、東インド会社の支配に任せていたのも、その運営に政治介入の余地を小さくするためであった。改革推進者たちは、まず公開試験の採用がＩＣＳ任命への政治介入を排除する手段と考えた。

ＩＣＳの理想像

ヘイリーベリーがＩＣＳを独占的に供給していた時代には、ＩＣＳの出自や資質について公然と議論されることは少なかった。採用が理事推薦によるものであり、外部からはどんな人間が採用されているかよく見えず、人材についての議論のしようがなかった。また、ヘイリーベリーの卒業生をＩＣＳにすることでインド統治に支障が出ることもなかった。ヘイリーベリーは「特権の巣」として批判されたが、卒業生のＩＣＳにまで批判が及ぶことはなかった。

公開試験がおこなわれるようになると状況は変わった。合格者の氏名、所属・卒業校、出自がまる見えになり、高給取りのＩＣＳに世間の注目が集まるようになった。ヘイリーベリーの卒業生との比較、ＩＣＳのあるべき人物像（ジェントルマンリー・ルーラー）とのギャップ、ペーパー・テストで果たして統治者としての適性を持った人間を選抜できるか、などについて議論が百出した。

まずイギリスの支配階級は、インドの統治者であるＩＣＳにイギリスの支配階級の社会規範の一つであるジェントルマンの資格を要求した。それは支配階級が支配者＝《イコール》ジェントルマンの規範を絶対視していたためであった。彼らはイギリスの支配者がインドでも最良の統治者になると信じて疑わなかった。イギリスはインド向けの統治者の特別規範を作らず、ICSについては自国の規範をそのままインドに適用した。

ジェントルマンの概念は人によって全くまちまちで画一的定義はできないが、主として社会階層に関するもので、つきつめると血統の問題に行きついてしまう。そうなると貴族と同義になってしまうが、植民地統治との関係においては、ジェントルマンは「標準紳士製造工場」と言われるパブリック・スクールの卒業生とほぼイコールになっている。

とくにインドの文脈でのジェントルマンの要件は「人を統治し、己を律する能力、自由と秩序を統合する才能、健全なスポーツと運動の愛好」であった。

J・M・コンプトンは、ICSの終始変わらぬ理想は「同僚の協力を得ることができ、部下の尊敬を集められる、優れたイングリシュ・ジェントルマンである」と言っている。社員ながら総督にまで昇進したジョン・ローレンスは、「一級の秀才よりも、よく教育されたジェントルマンが望ましい」と述べている。

公開試験への過度の期待

ICS採用制度の改革推進者たちは、イギリスでは公務員の公開試験の経験がないため、公開試験に大きな期待をかけた。公開試験にすれば、ヘイリーベリーへの理事推薦入学制度は学生の能力を軽視しているという批判をかわすことができるうえに、秀才に有利になり、名門大学のオックスフォード、ケンブリッジの優等学位を取得した秀才が採用できるはずであった。彼らは、公開試験は推薦制（縁故採用）に比べて応募者の範囲が広がり、人格、能力ともに優秀な人材が選べることを強調した。改革推進者の一人、インド庁長官のチャールズ・ウッドは、秀才とジェントルマンの間には密接な関係があると考えていた。

彼らの考えでは、公務員階層は一定の社会階層と対応しており、その二つを結びつけるのが試験であった。実際、イギリスでは階級と職業がよく対応していた。支配階級がパブリック・スクールと大学を占有している限り、当然、公開試験の合格者も支配階級から出ると思っていた。「公開試験導入の背景には自由と進取の精神があった」が、改革推進者の頭には平等主義、実力主義の思想はなかった。彼らにはペーパー・テストの経験がなかったので、良い結果しか想定できなかった。ジェントルマンの範疇に入らない層から合格者が出るなどとは想像もできなかった。

公開試験ではだれも予想しなかった下層階級から合格者が出たため、支配階級は愕然とした。試験実施後一〇年間のＩＣＳ試験合格者のうち七八パーセントはジェントルマンを自称する青年であったが、残り二二パーセントのうち四パーセントが商工業者の子弟であり、その人たちが批判にさらされた。しかし公開試験に対する偏見と批判は、一八七〇年に本国上級公務員の採用が公開試験になるとやがて消えていった。

ペーパー・テストに対する批判

改革推進者たちは公開試験の開始とほとんど同時に、ペーパー・テストの限界と固有の弊害に悩まされることになった。試験の狙いは、イングリシュ・ジェントルマンの根幹を形成する科目の習得度をテストすることにあった。試験科目は大学の試験をモデルにして作られ、古典（ギリシャ、ラテン）、数学、英文学、英国史に高い点数が配分された。古典への高い配点はジェントルマンである大学生を有利にする狙いを持っていたが、結果的にはほとんど関係がなかった。

試験科目はインド勤務とは全く関係がなかった。それはインド関係科目を重視すると優秀な人材が集まらない恐れがあったからだ。試験科目と科目ごとの配点はその後変更があったが、この原則は変わらなかった。

成績順位は受験科目の総合得点で決められた。一九〇六年まで受験科目数には制限がなかったが、受験戦術としては少数科目を集中的に勉強したものが高得点をあげたので、これがガリ勉を奨励することになった。インド庁長官のR・スミスは人物評価のため、口頭試問の導入を試験委員会に提案したが、採用されなかった。

筆記試験は一週間にわたっておこなわれ、タフな試験として知られるようになった。試験ではイギリスの学校カリキュラムに基づいて、細かい知識が試された。その結果、ペーパー・テストに強い学生やガリ勉の学生が高得点をマークしたため、ＩＣＳ予備校や家庭教師が大繁盛することになった。

四　ＩＣＳはインドにおける超エリート

絶大な権力

インドの統治機構の「鋼鉄のフレイムワーク」（ロイド・ジョージ首相）になっていたのは、一握りの高級官僚団ＩＣＳ（定員一二〇〇名弱）であった。インドには州の下に二五〇のディストリクトと呼ばれる行政単位（平均面積四四三二平方マイル、人口約一〇〇万人）があり、ＩＣＳは二〇歳代でディストリクトの長であるＤＭ（ディストリクト・マジストレイト、州によってはコレクターと呼ばれた）に就任、イギリス統治の最前線に立った。

ＤＭは徴税、警察、下級裁判をとり仕切った。非常時には軍隊の出動も命じることができた。それゆえＩＣＳは、政治的行政官（ポリティカル・アドミニストレイター）と呼ばれた。ＩＣＳは会社の時代には役員会との、直接統治になるとインド相との契約でインドに派遣されたので、インド人に対して責任を負うことはなかった。

「ＩＣＳはクラークでなく、属州の総督（proconsul）である」というのがＩＣＳ募集パンフレットのキャッチフレーズであった。ローマ帝国の地方総督を持ち出すのはいささか時代がかっているが、実際にインドでは二〇代の若者が何十万人もの人間を統治した。このことが野心的な青年にアピールした。

強力なDMは強力な帝国政府の象徴であった。民衆にとってはDMが帝国であった。DMに巨大な権限を与え、効率的な行政をおこなう統治方式はインドで実績をあげた。イギリスはその有効性を確認したうえで、マラヤ、エジプト、アフリカにこの方式を輸出した。

中央でも州でも政府の主要ポストは、例外的に本国から送り込まれる場合を除いてICSが占めた。ICSに留保されたポストは一七九三年特許法で規定され、一八六一年のICS法で修正されたが、そのポストにICS以外の人間が就くことはなかった。インドの民族主義者、ゴーカレは「この国の政府は実際のところICSの掌中にあり、彼らはカーストであり、カーストの特徴は排他性と独占好きである」と、ICSを評している。

最新のイギリスの法律知識を要求される法務大臣には、イギリスから法律家が送り込まれた。中央政府では、ICSは総督を補佐するカウンシルのメンバー（閣僚）にまで上った。州政府における最高ポストは、マドラスとボンベイ以外の州知事（準知事。一六八頁参照）であった。メンバー（閣僚）を経験して州知事になるのが、ICSの最高の出世コースであった。州知事の退職者には、インド統治の経験を買われて他の植民地の総督、知事などの上級ポストに就くものもいた。

マドラスとボンベイの管区知事は国王に任命権があり、ICSからの昇進もあったが、慣例外的に貴族か政治家が本国から送り込まれてきた。植民地はイギリス貴族にとって、壮大な、国外の扶助システムであり、インドでも総督と管区知事のポストは貴族の指定席に近かった。インドは貴族の経済的没落の防止に少なからぬ貢献をした。

ＩＣＳは本国との人事交流なし

会社の時代には、会社軍とは別の、イギリスからの派遣軍（国王軍）が会社の費用で駐屯していた。会社が統治を外れても、この伝統は残った。インド勤務を経験したイギリス人軍人が本国軍で立身出世したこともあり、インドは将軍の訓練場と言われた。

一方、ＩＣＳはインド帝国限定の勤務であり、帝国内のインド以外の植民地統治にかかわった人は多いが、本国の行政・外交に参画した人はきわめて少ない。日本人が知っている例外的存在は、アフガニスタンとインドの国境を画定、その国境線がデュアランド・ラインとして残っているデュアランドくらいではないか。彼はインド政府の外務次官から本国政府の外交官になり、駐米大使（一九〇三〜〇六年）を務めた。しかし、アメリカでは歴史に残るような仕事を残せずに終わっている。

ＩＣＳは本国公務員と人事交流がほとんどなかった。ＩＣＳがインドでのキャリアを買われて就くポストは、もっぱらエジプト、パレスティナ、アフリカ、メソポタミアなどのイギリス植民地の上級ポストであった。ＩＣＳはインドでこそ巨大な権限を持っていたが、本国の行政・外交に関与し、動かすことはできなかった。イギリスの支配階級から見ればICSは〝這い上がり者〟で、本国の政策決定に関与できるのは本国公務員だけであった。

ICSと本国上級公務員は、軍人のように同じ仕事で競い合うことはなく、対立することも少なかった。両者の間で住み分けができていた。例外は第一次世界大戦中とその後の中東をめぐる政策で、インド政府と外務省が鋭く対立したことである。地域専門家のIPSを擁するインド政府は、外務省がメッカのフセイン一族を支持したことは誤りであり、その後のイギリスの中東政策の失敗につながったと批判する。民族主義の強いイラクにフセインの息子を送り込まざるを得なかったのも、サウジの石油利権の取得に失敗したのも、もとをただせばメッカのフセインの力を過大評価し、これを担いだ外務省に責任があると、インド政府のアラブ専門家は主張する。

第一次世界大戦までペルシャ湾地域を統治してきたインド政府は、ポリティカルズと呼ばれた地域専門家を多く抱えており、アラブ専門家は、メッカのシャリフ・フセインでなくイブン・サウドがアラビア半島の支配者になると見ていた。彼の宮廷にはインド政府の外交官が派遣されていた。本国外務省のなかではアラブ専門家は領事職で地位が低く、人材がいなかったためか、第一次世界大戦中と戦後に、ローレンスやガートルード・ベルのようなアマチュアのにわか専門家を中東に送り込んできた。当時のイギリスの中東政策は失敗だらけであった。にもかかわらず、彼らがマスコミの脚光を浴びたのは（日本でも人気があるが）、外務省が自分たちの判断の誤りを隠すためにマスコミ操作をしたのではないかと、インド政府のアラブ専門家たちは推測する。常識的に考えると、アラブの反乱を支援すれば、対トルコ戦では得るところがあっても、他の植民地に悪影響を与えずにはおかない。日本ではアラビアのローレンスはいつまでも英雄であり、このような視点は無視されている。

人材獲得戦で本国公務員に負ける

支配階級の公開試験に対する批判もあって、ＩＣＳ試験の人気が落ちた時、インド省は本国公務員の試験に便乗して優秀な人材を獲得することを考えた。イギリスで人気があり、ＩＣＳより優秀な人材を集めていたのは、本国の公務員上級職（クラスⅠ）の試験だけであった。インド省は、ＩＣＳと本国の公務員上級職の採用試験を一本化すれば、優秀な人材が集まると考えた。本国公務員採用数はＩＣＳに比べると格段に少なかったので、それに採用されない上位合格者がＩＣＳを選択する可能性があり、インド省はそれに期待をかけた。

本国公務員とＩＣＳの同一問題による合同試験は一八九五年から始められ、翌年にはセイロン、マラヤ、海峡植民地、香港に勤務するＥＣＳ（東洋高等文官）もこの試験に加わった。

合同試験になって応募者は増加し、ＩＣＳの採用は本国公務員の人気にあやかることができたが、公文書館に残されている成績表をチェックしてみると、上位合格者はほとんど本国公務員第一志望者で占められている。トップ合格者は本国とインドのどちらでも行けたが、一八九五年から一九一四年までの二〇年間のトップ合格者のうち、ＩＣＳに入ったのは一九〇二年、〇三年、一二年、一四年の四名だけであった。この数字をどう解釈するか難しいところである。

インド省が期待したようには、ＩＣＳに合同試験の上位合格者が取れなかった。上位合格者でインド勤務を選んだのは、一般に別途収入（資産収入）がないもので、それがあるものはインドに行きたがらなかったようである。経済的事情で勤務先を選ぶ点は、将校の場合と似ている。

官僚出身ながら、チェンバレン、チャーチル両内閣の閣僚に起用されたジョン・アンダーソンは、一九〇五年の合同試験にトップで合格し、本国公務員としてスタートしている。彼は閣僚になる前にベンガル知事も務めているが、彼の伝記作者は、彼が初任給（年俸）三〇〇ポンド以上のＩＣＳでなく二〇〇ポンドの本国公務員を選んだ理由をこう説明している。「本国公務員でもＩＣＳでも自由に選択できた。大部分の優秀な学生はインドを選ぶのが慣例であった〔事実とは異なるが、一般の人は往々そのように思っていたようである。筆者注〕。若い独身者にとって輝かしい将来であった。しかし、ジョンは結婚を間近に控えていたため、東洋の肉ナベをあきらめた。たぶん、これはクリッシー〔婚約者。筆者注〕がインドの気候に苦しめられることを望まなかったことや、彼の両親がイギリスを離れることに反対したことによるものであった」。

ＩＣＳは人気では輝ける二位

ＩＣＳは人材獲得合戦では本国公務員に勝てなかった。といっても、試験の得点の差はわずかであり、それが行政官の能力差になるほどのものではなかった。『インドにおけるイギリスの官僚制』においてＩＣＳ神話を次々と打ち砕いたＢ・スパンゲンバーグでも、ＩＣＳの「インテリジェンスとパフォーマンスは本国公務員と変わらなかった」と評価している。

ＩＣＳは人気の点では本国公務員に及ばなかったものの、ＥＣＳ、領事職、多国籍企業社員など、ジェントルマンを採用希望条件とした他の職種に比べれば、比較にならないほど人気が高く、輝ける二位であった。前述のように、東南アジアで勤務するＥＣＳが一八九六年から合同試験に加わったが、三者のうちでは受験生に最も人気がなかった。その結果、本国公務員、ＩＣＳ、ＥＣＳの人気の序列ができた。

ＥＣＳに成績下位の人材しか取れないことは植民地省の悩みのタネとなり、内部から合同試験脱退論がたびたび持ち上がった。ＥＣＳの採用は一九三二年にＣＡＳ（植民地高等文官）と一本化されるまで、公開試験を続けたが、その後は植民地省の推薦者を対象とした適性認定の面接試験になった。

ＩＣＳは一貫して公開試験の原則を堅持し、血統や人格よりも頭脳に重きを置いた。それがICSの権威づけになった。

公務における階級の住み分け

植民地はイギリスの中間層、支配階級の子弟に、高給の勤務先、インペリアル・サーヴィスを提供した。インドはICS以外にも、警察、鉄道、林業などの分野で高給ポストを提供した。

学力本位の公開試験、とくにICS試験は、高いプレステージと高収入のため、向上心の強い中流階級に強くアピールした。ICSの初任給（年俸）は約三〇〇ポンドで、ヴィクトリア朝初期のいわゆる中流階級の最低年収とほぼ同じであった。ICSは五五歳か三五年勤続で定年であったが、退職時の地位に関係なく年一〇〇〇ポンドの年金が支払われた。資産収入がなく、自分の収入で自立しなければならない家庭の若者は、本国の公務員や陸軍士官として勤務することが社会・経済的に難しい場合、インド勤務を志望することになった。

ICSとインド政府軍の将校の出自から明らかなように、インド統治の担い手は中流階級であった。上流階級が行政・外交・軍事を牛耳る本国では活躍の余地が乏しく、中流階級はインドに自分たちの活躍の場を求めた。そして、そこに独自の世界を築いた。中流階級はインドにおいては総督などの一部の上級ポストを除いて、高位・高給ポストに就けた。上流階級と中流階級はインドのおかげで一種の公務の住み分けができた。

公務に関する限り、中流階級はインド支配の最大の受益者であった。中流階級はインドの公務に就くため、公開試験を突破する努力をし、合格に見合う報酬を得た。インドの植民地統治は向上心の強い中流階級の上昇エネルギーを巧みに吸い上げたし、それによって維持されたと言えよう。

第七章　三億人の支配者インド総督

一　その起源

知事から総督へ

大英帝国は世界中に植民地を所有する植民地帝国であった。植民地帝国の特徴は、宗主国が植民地に総督を最高支配者とする官僚団と軍隊を送り込み、直接統治したことである。イギリスにとって最も重要な価値ある植民地はインドであった。イギリス帝国主義絶頂期のインド総督であるカーゾン（在任一八九九～一九〇五年）をして「もしインドを失うようなことがあれば、イギリスはたちまち三流国に転落するであろう」と言わしめるほどに重要であった。

インド総督はインドの最高支配者で、国家元首と首相の機能を有し、三億人（一八八一年センサスでは二・五億人）の支配者と称された。アマースト総督（在任一八二三～二八年）は「中国の皇帝と自分で、世界の人口の半分を支配している」というのが自慢であった。

インド総督はイギリス首相に次ぐ権力の持ち主であった。しかし、インド総督からイギリス首相になる人が出なかったせいか、総督の政治的評価はいま一つ低い。

イギリスは二〇〇年ほどのインド統治期間に、「インド帝国の建国者」クライヴを筆頭に三三名の総督（臨時は除く）をインドに送り込んだ。総督職はインド規制法に基づいて創設され、ベンガル知事のW・ヘイスティングズが初代総督に任命された。東インド会社の時代の総督はクライヴを含めて一四名であった。クライヴはベンガル総督の称号を与えられることなく知事のまま終わったが、プラッシーの戦いの勝利の功績ゆえに、実質的初代総督として取り扱われることが多い。総督には会社の社員、本国の政治家、軍人、外交官など、さまざまな経歴の人が就任している。総督の任命の仕方、権限などは時代によってかなり異なるため、その起源から見ていこう。

インド総督の起源をたどると、インド政府の起源と同じようにイギリス東インド会社にたどり着く。会社はインド各地に商館を持っていたが、三大拠点はボンベイ、マドラス、ベンガル（カルカッタ）であった。三大商館には商館長（プレジデント〔ガヴァナー〕）がいて、幹部社員（シニア・マーチャント、ジュニア・マーチャント）がカウンシル（商館会議）を構成、支配地域の行政をおこなっていた。会社が商社から領土の支配者になっても、このガヴァナー、カウンシルという呼称はそのまま使用された。

日本語に訳す場合にも、この呼称をそのまま使用すれば楽だが、機能の進化に即して日本語に訳そうとすると、いつの時点からガヴァナーを知事、カウンシルを内閣あるいは政府と訳すかという問題が生じる。筆者は、役員会がベンガル行政粛正のため、クライヴに一定の権限を付与してカルカッタに送り込んだ一七六五年以降は、知事、内閣と呼んでいいのではないかと考える。一七七三年のインド規制法では、ガヴァナーとカウンシルのメンバー四名が役員会の任命から政府の任命に変わり、両者の公的性格がさらに明瞭になった。

総督・管区知事・準知事

会社の商館はボンベイ、マドラス、ベンガル（カルカッタ）の順でガヴァナーとカウンシルを持つようになったが、一七七三年のインド規制法の施行まで、三管区の地位は対等であった。それぞれの商館は独自に本国の役員会と交信し、役員会の指示に従って活動した。しかし、インド規制法施行でベンガルのガヴァナーだけが別格の総督（governor-general）に格上げされ、残りの二管区の外交に対して監督権を持つようになった。同時にベンガルのカウンシルがシュープリーム・カウンシル（インドの中央政府）になった。イギリス議会はカルカッタを英領インドの最高政府の所在地と定めた。一八世紀のカルカッタはロンドン以外のイギリスのどの都市よりも大きく、大英帝国第二の都市に成長していた。

ベンガル知事は総督に昇格したが、残りの二管区の知事の名称は変わらなかった。のちに北西州、パンジャブなどの州が新設されるようになると、新設州の知事は準知事（lieutenant-governor）として、マドラスとボンベイの知事（管区知事）と区別された。シンガポールの建国者スタンフォード・ラッフルズはこうした準知事の一人に過ぎないのに、東南アジア研究者には副総督と訳す人が多い。これは完全な誤訳である。

インド帝国では副総督が置かれたことはない。総督不在の場合は、古参のICSが臨時総督に任命された。ついでながら、規制法施行以前のガヴァナーを総督と訳している例も見られるが、これも不適切である。

新設州の知事には閣僚経験者（ICS）が任命されたので、州行政の経験ありということで準知事を補佐するカウンシルは置かれなかった。ボンベイとマドラスの二管区の知事にはICSが就くことは少なく、本国の貴族か政治家が派遣されてくることが多かったため、補佐機関としてのカウンシルが置かれた。

スタンフォード・ラッフルズ

ベンガル知事は総督に格上げされたが、ベンガルの優越性が実質的に確立するには時間を要した。行政官は管区別に配属されたし、ひとたび配属されると管区を越えて異動することはまれで、一八七八年までICS配属の一本化はおこなわれなかった。軍司令官もそれぞれの管区にいたが、一七九三年特許法でマドラスとボンベイの軍司令官ポストは廃止され、その権限はインド政府の軍司令官に委譲された。

二　ベンガル総督

総督とカウンシル

総督とカウンシルは一体となって政策を実施した。一七七三年にノースの規制法が制定されると、カウンシルのメンバーは役員会の任命から政府の任命になった。しかし、初代総督W・ヘイスティングズはカウンシルにおける拒否権を持たず、敵対的なカウンシラーの妨害にあって、業務の遂行に支障をきたした。第二代総督のコーンウォーリスはこのような状況を見て、就任の条件として総督に拒否権を授与することを要求、これを認めさせた。

その後は総督については、カウンシルの総督（governor-general in council）という呼び方がされることが多く、コーンウォーリス総督の時代から総督とカウンシルは一体のものとして活動した。総督とカウンシルの意見が対立し、総督がカウンシルの決定を拒否することはきわめてまれであった。唯一の例外は、ディズレーリの代理人と言われたリットン総督（在任一八七六～八〇年）と彼のカウンシルの対立くらいではないだろうか。リットン総督はカウンシルの決定を覆して綿製品輸入関税五パーセントを廃止、アフガニスタンへの侵攻もおこなった。

カニング総督の時代に、カウンシルのメンバーは各省庁を担当する大臣になった。インド政府では大臣はministerという呼び方をせず、メンバーと呼ばれた。メンバーの下にセクレタリー（事務次官）がいたが、これが大臣と誤って訳された例を見かけることがある。インドではイギリス本国のようにセクレタリーは大臣ではなく、事務次官（イギリスのPermanent Undersecretaryに相当）である。

外務大臣は総督が兼務したので、大臣は置かれなかった。一八五九年までは財務大臣も兼務していた。総督は保護国であるインド藩王国とイギリス国王名代《みょうだい》（viceroy）として接触することが多く、爵位をもった人間が任命されることになっていた。爵位のないものには、任命の前にしかるべき爵位が授けられた。総督を無事務めると、貴族の場合は侯爵に昇爵することが多かった。

総督の任命と召還

総督という言葉を使う場合、ベンガル総督とインド総督が厳密に区別して使用されることは少ない。ベンガル総督職は一七七三年のインド規制法で導入され、一八三三年特許法でインド総督に格上げされた。この特許法で東インド会社は残っていた中国貿易の独占権も失い、完全な統治機関になった。このときベンガル総督であったベンティンクが最初のインド総督に任命された。

一八三三年特許法が施行されるまで、総督の任命は役員会の専管事項であったが、建前と現実は別で、実際には政府主導で決められ、役員会は会社に不都合な人物を政府が選びそうになると抵抗し、拒否した。会社の総督任命権は拒否権として機能した。

総督は建前上、会社の社員であり、俸給も会社から支払われたが、実際には本国政府の公務員であった。総督はイギリス議会に対して責任を負わなかったが、インド相（インド庁長官）に対しては責任を負った。総督は就任に際して、会社に対して忠誠を誓うと宣誓したが、宣誓を守らない総督も少なからずいた。

会社の時代には、役員会かインド庁のいずれかが難色を示す人物の総督就任は難しかった。たとえば、ウェルズリー失脚後に総督に再任されたコーンウォーリスが着任後間もなく病死すると、後任総督に、インド庁はロード・ローダーデイルを推したが、役員会は過去に反会社的言動を繰り返した彼の任命拒否で結束し、この人事案を潰した。一方、役員会は社員出身で近隣諸国との紛争を避け、経費削減によって財政を再建したG・H・バロー臨時総督を正式総督に格上げしようとしたが、インド庁は彼の藩王国間の紛争への非介入政策が会社の威信を低下させたとして反対、結局、軍人でインド庁長官のミントー（初代伯爵）が総督になった。彼は無名に近い政治家であったが、ベンガル総督としてオランダの植民地ジャワを占領するなど、フランスの脅威に積極的に対応する一方、非介入政策から大きく逸脱せず、会社からも高く評価された。

総督の解任・召還権は、会社がインド統治から離れるまで役員会にあった。役員会は、役員会の訓令を無視して行動した総督、とくに戦争をした総督は大義名分が立てばすぐに本国に召還した（ウェルズリー、エレンボロー）。召還は役員会が独立不羈《ふき》の大物総督を統御するための伝家の宝刀であった。宝刀はまれにしか抜かれなかったが、抜かれると切り損じはなかった。国王が任命した総督を役員会が召還することは、イギリス政治の常識からすると異常であったが、これがなければ本国から総督を通じてインド行政をコントロールすることは難しく、役員会は商業活動をやめてからも、この伝家の宝刀を手放さなかった。これは役員会が経験を通じて習得した、インド統治に不可欠の知恵であった。

三　会社の時代の総督——クライヴからカニングまで

会社の時代は領土の拡張期で、会社の時代の終わりと同時に領土の拡張は終わった。領土拡張期の代表的な総督をピックアップして、その業績を見ておこう（ベンガル知事、ベンガル総督を含む。カッコ内は在任期間）。

＊

ロバート・クライヴ（一七五八〜六〇、六五〜六七年）

クライヴは一七五七年のプラッシーの戦いで勝利を収めて凱旋帰国した時には、英雄として国をあげて歓迎され、軍事的天才と称賛された。褒賞としてアイルランド貴族（称号はプラッシーのクライヴ男爵）に叙せられ、さらに二年後にはバース勲章を授与された。故郷のシュルーズベリーから下院入りを果たし、栄光の絶頂に立った。彼はネイボッブの典型であった。

ロバート・クライヴ

クライヴはジェントルマンとしての生活を送れるだけの資産を持って帰国していたが、会社はベンガルでの社員の綱紀粛正、行政の立て直しのため、再度のベンガル行きを要請した。彼はインド行きの条件として総督職を要求したが、会社は知事兼軍司令官を提示し、それを受けた。

一七六五年五月、ベンガルに着任、蓄財に狂奔する社員の綱紀を粛正、私貿易の制限という難事業に着手した。彼の前任者H・ヴァンシタートは私貿易を大々的にやり、巨額の資産を蓄積した一人であった。クライヴはすぐに私貿易放棄を宣言、みずから範を垂れた。のちにインド規制法（一七七三年）によってカウンシラーも商活動を禁止されたが、カルカッタ勤務の社員には一七八九年まで私貿易が認められていた。

クライヴは内部改革に着手し、まず幹部社員に賄賂をとらないことを誓約させたが、収入の減少をカバーするだけの給与の引き上げはおこなわなかった。私貿易については、幹部社員を会員とする組織を作り、塩などの取引を独占させ、私貿易の透明性を高めた。私貿易は完全には止められなかったが、将校の戦地手当を削減し、抗命するものは容赦なく弾圧した。しかしクライヴの改革は大した成果をあげられず、多くの敵を作った。

クライヴは後事をW・ヘイスティングズに託して、二年でベンガルをあとにしたが、帰国してみると彼の評判は激変していた。プラッシーの英雄は、一転してネイボッブの巨魁と目され、批判にさらされていた。サリヴァンら会社の反クライヴ派や、ベンガル政府の腐敗根絶を図ろうとする議員たちが、彼の行政、資産形成方法を糾弾した。議会は調査委員会を設置、ベンガルにおけるクライヴの行動について調査し、彼が国に対して貢献したことを認めながらも、権力の濫用があったとの結論を下した。

議会の調査は一七七三年に終了したが、クライヴは議会の自分に対する仕打ちにショックを受け、心身ともに病むようになり、四九歳の誕生日後間もなく自殺した。インドの領土獲得の功績が認められ、ウェストミンスター寺院に埋葬された。

＊

ウォーレン・ヘイスティングズ（一七七二〜八五年）

ヘイスティングズはインド規制法の成立でベンガル知事から総督に昇格した。社員出身ながら、優れた外交手腕によって誕生したばかりのインド帝国を守り抜いたことと、オリエンタリストとして知られている。

ウォーレン・ヘイスティングズ

彼はインド行政が最悪の状態にあった一七七一年末、マドラスのカウンシラーからベンガル知事に任命され、七二年二月に赴任した。翌年、規制法に基づいて総督職が新設され、初代総督に昇格した。マドラスのカウンシラーに任命される以前に、一四年間（一七五〇～六四年）ベンガルで勤務しており、ベンガル語とヒンドスタニー語を流暢《りゅうちょう》に話し、ペルシャ語にも精通していた。

知事から総督に昇格したものの、カウンシルでの投票権は四人のカウンシラーと同じで、キャスティング・ボートを持つにすぎなかった。カウンシラー四名のうち一名だけが社員出身で彼に協力的であったが、残りの三名は政府任命で、総督に協力するよりも敵対することが多かった。とくにP・フランシスはどうしてカウンシラーに任命されたか不明であるが、三三歳の若い野心家で、ヘイスティングズの追い落としに奔走した。彼は帰国後もヘイスティングズの裁判の罪状作りに情熱を燃やした。

カウンシルの対立がノース首相の耳に入り、ヘイスティングズを召還しようとしたが、自分にはその権限がないとわかると、役員会に解任を決定させた。しかしヘイスティングズの友人たちが、その審議のために、株主総会の開催を要求した。開催された株主総会では、彼が解任されれば、インド軍司令官のクレイヴァリング将軍が総督に任命され、インドにおける会社支配が終わりになるとの考えから、ヘイスティングズの解任は大差で否決された。

南インドでマイソールのハイダル・アリ、ハイデラバードのニザーム（藩王）、マラータ諸侯の三大勢力が覇権争いをしている時、会社軍もそれに巻き込まれた。彼は巧みな外交によって、ハイダル・アリの作りあげた反英連合からニザームとマラータ勢力を離脱させた。反英連合の切り崩しに成功すると、マイソールだけに攻撃を集中した。

宿敵のハイダル・アリは長年患っていた癌のため八二年に死亡、一人息子のティプ・スルタンがあとを継いだ。ハイダル父子は三二年間（一七六七〜九九年）に四度イギリスと戦い、イギリスはウェルズリー総督の時代にようやくティプ・スルタンを打ち破った。

ヘイスティングズは対米戦争でイギリスが大敗し、スペイン、フランス、オランダとの戦争でイギリスが最も苦しかった時期に、カルカッタとマドラスをマラータ勢力、ハイダル・アリ、ニザームの攻撃から守り抜いたことで高く評価されている。

ベンガル知事、総督として一三年間勤務し、貴族になることを期待できる働きをした。しかし、帰国後の彼を待っていたのは、ネイボッブに対する見せしめ的な、上下両院の弾劾裁判であった。裁判では無罪を勝ち取ったが、それに七年余りを要した。彼は会社の役員会や世間では人気があり、国王にも好感を持たれており、会社は一貫して彼を支持した。

＊

チャールズ・コーンウォーリス（一七八六〜九三、一八〇五年）

コーンウォーリスはインド経験の全くない最初の総督である。職業軍人で貴族出身の総督であった。社員出身の総督と違って身分が高く、崇高な使命感を持っていたので、カウンシル、社員に対して抑えがきいた。会社のしがらみがなく、綱紀粛正の断行を期待して送り出された。

彼は社員の不正を追放しただけでなく、歳入行政と司法行政を分離、行政の要となるコレクター（ディストリクトの最高職）をイギリス人に入れ替えた。刑事法廷のインド人裁判官もイギリス人に変えた。彼はインド人に不信感を持ち、インドの上級ポストのイギリス人化を断行したので、インド人には評判がよくない。

コーンウォーリスの失敗は、地税の入札制度を廃止し、一七九三年に永代地租制度（パーマネント・セツルメント）にしたことである。会社はムガル時代の徴税請負人にすぎないザミンダールに土地にかかわる一切の権限を与え、私的土地所有者に変えた。イギリスはベンガルにおいて、自国の地主制の発想でザミンダールを新たに創設した。しかし税収確保のためだけで、伝統的な土地所有関係を無視した地主制を全国的に導入できないことにすぐに気づき、各地の実情に応じた地税制度が導入された。

前任者たちが苦しめられたマイソールとの戦争ではティプ・スルタンを破り、その功績により侯爵に昇進した。第一次、第二次マイソール戦争ではハイダル・アリが勝利をおさめ、イギリスは権威を失墜させていたので、第三次マイソール戦争でのコーンウォーリスの勝利はイギリス国民を喜ばせた。

コーンウォーリスは帰国後、アイルランドの総督・軍司令官を務めた。その後、引退生活を送っていたが、再度のインド行きを要請され、義務感から六六歳の高齢にもかかわらず引き受けた。しかし、着任後間もなく病気になり、一八〇五年一〇月にガジポルで死去した。

彼の総督としての評価は高く、傑出した総督の一人に数えられている。ジョン・ケイは「ロード・コーンウォーリスは本当に行政官と言える最初のインドの支配者である。彼のインド到着まで、在印イギリス人は生存のための戦いに明け暮れていた」と評している。

チャールズ・コーンウォーリス

ティプ・スルタン

＊

ジョン・ショア（ロード・ティンマス）（一七九三〜九八年）

コーンウォーリスは最初の勤務を一七九三年に終え、その後を社員出身で彼の部下であったジョン・ショアが継いだ。戦争をせず、名を残すような事業も改革もしなかった、最も目立たない総督である。

在任中、議会と役員会の命令を忠実に守り、「オネスト・ジョン・ショア」と揶揄《やゆ》された。好戦論者からは当座しのぎの臆病者と批判されたが、反論しなかった。彼の不介入政策のおかげで会社の財政は健全になり、皮肉にも、次の好戦的総督ウェルズリーの軍資金を準備することになった。最も評価の低い総督の一人である。

＊

リチャード・ウェルズリー（ロード・モーニングトン）（一七九八〜一八〇五年）

彼についてはすでにフォート・ウィリアム・カレッジの項で述べたように、インドをイギリスのドミーニオン（自治領）にする構想をはじめて打ち出したこと、インド統治には商人と違った行政官を養成しなければならないとの確信に基づいて、フォート・ウィリアム・カレッジを設立したことなど、インド統治のヴィジョンを持っていたことで高く評価されている。

一七九九年、南インドの宿敵マイソールのティプ・スルタンを第四次マイソール戦争で打ち破り、イギリス国民を歓喜させた。本国における彼の人気と威信は高まり、アイルランド貴族として侯爵に昇進した。忘れてはならない彼の功績の一つは、藩王国への条約に基づく駐留軍制である。ウェルズリーの始めたこの制度を次々と藩王国に受け入れさせ、会社軍は藩王国の経費負担で駐留したので、財政力以上に大きな兵力を維持できた。この制度は藩王国を保護国化していくうえで重要な役割を果たした。藩王国は、外交・防衛をイギリスに依存し、イギリスのレジデント（外交官）を受け入れさせられた。レジデントは政治外交のアドヴァイザーであったが、実際には藩王国の監督者であった。

ウェルズリーは独断専行の人で、役員会に相談せずに重大な決定をして、役員会としばしば対立した。加えて会社のインド貿易独占の批判者であり、輸入品の買い付け代金まで戦費

ジョン・ショア

リチャード・ウェルズリー

につぎ込むことがあった。役員会にとっては好ましくない好戦的総督であり、本国召還の機をうかがっていた。一八〇四年四月、マラータ連合のホルカルとの戦争を開始したが、敵を甘く見たモンソン将軍のコタでの敗北、連戦連勝のレイク将軍のバーラトプル攻略の失敗で、ウェルズリーの常勝神話は崩れ、本国政府の信頼を失うと、待っていたとばかりに召還された。

彼の弟のアーサー・ウェルズリー（ウェリントン公）はインド勤務の後、ウォータールー（ワーテルロー）の戦いでナポレオンを破り、国民的英雄になり、首相に選ばれた。平民から公爵にまで昇進した人物であった。R・ウェルズリー自身は組閣のチャンスを与えられながらそれに失敗、弟の陰にかすんでしまった。しかし、ベンティンク、ダルフージ、カーゾンと並んで、一九世紀のもっとも傑出した総督の一人にあげられている。

＊

ミントー（初代伯爵）（一八〇七～一三年）

ミントーは最初に総督になったスコットランド人貴族であった。三〇年近い議員歴があったが、さしたる業績もなく、ベンガル総督にならなかったら、国民人名辞典（*Dictionary of National Biography*）にのることもない程度の人物であった。

彼はインド防衛のために活躍した。予想されるフランスのペルシャ、アフガン経由のインド侵攻に備えて、攻守同盟を結ぶべく、これらの国に特使を派遣した。特使の交渉は失敗したが、はじめてこれらの国と接触し、直接情報を収集した。イギリスはアジアにおけるフランスの脅威を排除するため、フランスの支配下に入ったポルトガル領のゴアを占領、またポルトガル領マカオを防衛するための遠征軍を派遣、同じくフランスの支配下に入ったオランダ領のアンボイナとモルッカ諸島を占領した。

ミントーは一八一一年、みずから遠征隊を率いてオランダの植民地ジャワを攻略、併合し、スタンフォード・ラッフルズを準知事（lieutenant-governor）に任命、ジャワ統治に当たらせた。ラッフルズはのちにシンガポールを獲得した。ミントーのジャワ遠征は東南アジアにおける大英帝国領の種をまくことになった。アラブ海賊退治の名目でペルシャ湾への遠征軍派遣もおこない、のちのペルシャ湾支配のきっかけを作った。

ミントー（初代伯爵）

インド防衛のための海外派兵が目立つが、彼は役員から厳命された近隣藩王国への非介入政策から大きく逸脱することはなかった。役員会は彼の任期の延長を望んだが、インド庁の反対に押し切られて、任期切れ交代になった。伯爵に昇進したが、ロンドンでの帰国歓迎会を済ませて、夫人の待つスコットランドの所領に帰る途中、病死した。

＊

モイラ（ロード・ヘイスティングズ）（一八一三～二三年）

ミントーの後任には、摂政の宮（ジョージ四世）の腹心の貴族で軍人のモイラが任命された。モイラは六人の子供がいたのに、賭け事好きのうえに浪費癖があり、多額の借金を抱えていたので、摂政の宮が政治力で総督職に就けた。

モイラは着任早々、アワド藩王国への侵略を繰り返していたネパールのグルカ族討伐作戦を実施、ヒマラヤ山麓からのグルカ軍の掃討に成功した。グルカ族は二回の戦争に敗れると、スガウリ協定を受け入れ、インド領に侵攻することはなかった。一八五七年のインドの大反乱でもイギリスに味方し、その後長期にわたり、グルカ兵の供給地になった。

モイラ

モイラは宿敵のマラータ族のペシュワー（世襲のマラータ連合宰相）が不意打ちをかけてきた機会をとらえ、ボンスレー、ホルカルの軍隊を各個撃破し、降伏させた。イギリスは四カ月にわたる第三次マラータ戦争に大勝、マラータの壁を崩し、東と西の領土がつながることになり、全インドの覇権を確立した。

モイラの武功はよく知られているが、彼は最後の四～五年は行政・財政の改善に努めた。

グルカ戦争、第三次マラータ戦争にもかかわらず、財政状態は前任者たちの時代よりも改善した。彼は国内の経済開発に着手した最初の総督であった。ムガル時代の灌漑《かんがい》システムの修復をおこない、デリーにふたたび水を供給したことで知られている。

モイラは約一〇年在任し、期待された以上の仕事をしたが、金融スキャンダルに巻き込まれ、すべての功績が色あせてしまった。普通なら役員会に召還されるところであったが、国王となっていたジョージ四世が介入、召還をまぬがれ、辞任した。

＊

アマースト（一八二三〜二八年）

アマーストは本来インドと全く関わり合いのない人であった。当初、彼の友人のG・カニングがインド行きを了承していたが、カスルレイ外相の自殺に伴う玉突き人事で総督に任命されることになった。

アマースト

着任から一ヵ月も経たないうちに、ビルマ王の軍隊のベンガル州アッサム地方への侵入により、五年の任期の大部分をビルマとの戦争に費やした。イギリス軍はビルマについての知識も情報もないまま侵攻した。戦争は長引き、多くの出費と流血を強いられ、アマーストは指導者としての力量が問われた。

対ビルマ戦中の一八二四年に、ベンガル軍のインド兵が海を渡ればカーストの禁忌《きんき》に触れるとしてバラックプルの兵営で抗命事件を起こした。この抗命事件は、一八〇六年のヴェロールの反乱とともに、一八五七年のインドの大反乱以前に起きたインド兵の二大抗命事件の一つであった。アマーストはその責任を問われて召還されそうになったが、国内の政治事情で危うくのがれた。

ともかく任期を全うしたので、伯爵に昇進した。これ以降、総督の任期を務め上げれば、伯爵に昇進するのが慣例化した。

＊

ベンティンク（ロード・キャヴェンディッシュ）（一八二八〜三五年）

ベンティンクは最初の改革派総督として記憶されている。彼は軍人でありながら好戦的でなく、戦争を嫌い、これといった武功もない。最初、父親のポートランド侯爵の政治力でマドラス知事に任命されたが、一八〇六年にヴェロールで起きた反乱の責任をとらされ召還された。その後、軍人として各地で勤務しながら、インド総督就任の機会を待った。

G・カニングが一八二七年二月、首相に就任、アマーストの後任探しを始めた。五人の総督候補者に声をかけたが、いずれも断られ、幸運にも六番目のベンティンクまで回ってきた。彼は前回の汚名返上と、八万ポンドの借金返済のために喜んでインド行きを引き受けた。役員会はビルマ戦争の結果、財政が赤字になっており、そのまま一八三三年特許法が議会で審議されることに不安を抱き、赤字の削減を厳命した。彼はディストリクトのコレクターとマジストレイトのポストの一本化、軍人の戦地手当の削減をおこない、軍人には嫌われた。経費削減により就任時の一〇〇万ポンド以上の財政赤字を、退任時には一五〇万ポンドの黒字に転換させた。

彼は会社のオリエンタリズムの伝統を破って、サティー（夫の遺体とともにその妻を焼くヒンドゥー教徒の習慣）を禁止し、インドの宗教習慣に介入した。インド軍における笞打《むちう》ち刑も廃止し、またカルカッタに医科大学を設置した。

ベンティンク

軍人でありながら、非介入主義の原則を守り、戦争をせず、領土の併合もおこなわなかった。一八三三年の特許法の成立で、残っていた中国貿易の独占が廃止され、会社は完全な統治機関になった。ベンガル総督はインド総督に格上げされた。総督の政務が増えたので、ベンガル州にも、州の政務を担当する準知事がおかれ、一八五四年から施行された。

彼は特許更改時に在任していたため、最初のイン

ナフンの藩王と会見するオークランド

ド総督になった。伯爵に値する働きをしたが、貴族の生活は経済的負担が大きいため、貴族への叙任は辞退した。

＊

オークランド（一八三六～四二年）

後任人事は本国の政権交替で難航し、ホイッグのオークランド（ミントー元総督の甥）が選ばれた。彼は不用意にアフガニスタンに兵を入れ、遠征軍全滅の惨敗を招き、イギリスの威信を著しく傷つけたことから、最も無能な総督の烙印《らくいん》を押された。

オークランドのアフガニスタン介入の発端は、そこで何が起きているかを探り、ロシアの浸透防止策を立てよ、という会社の秘密委員会の総督に対する訓令であった。彼は一八三七年、A・バーンズ少佐をカーブルに特使として派遣したが、アミール（国王）のドスト・ムハンマドはイギリスからの援助が期待できないことが分かると、特使との交渉を打ち切った。

オークランドは、ドスト・ムハンマドに王位を奪われてインドに亡命していたシャー・シュジャーを王位に戻す作戦を実施した。彼は異教徒の支配を嫌うアフガン人に不人気で、イギリス軍の保護なしには王位を維持できなかった。イギリス軍はやむを得ずカーブルに駐屯を続けることになり、一八四一年末から翌年初めに、アフガン人の蜂起で一万六五〇〇人の守備軍が撤退中に全滅した。

イギリスはこれだけの人命を失い、一五〇〇万ルピーの支出をしながら得るものは何もなく、シャー・シュジャーは殺され、ドスト・ムハンマドは王位を保持した。全く無駄な遠征であった。

＊

エレンボロー（一八四二〜四四年）

アフガン戦争敗北の衝撃は大きく、イギリスではメルバーン政権が倒れ、代わって政権に就いたピールは、すぐにオークランドを召還した。後任には、彼と正反対に近い性格のエレンボローが据えられた。好戦的で独断専行型、人の支配に服するのを極端に嫌がった。総督になると、役員会の命令に抗し、カウンシルを無視して戦争を繰り返し、二年半で召還された短命総督である。

彼はアフガニスタンについては軍隊を全面的に撤退させ、その後は不介入主義を貫いた。しかし、シンドに対しては、アミール（国王）が戦争中に非協力的であったとの口実を構えて侵攻、併合した。さらにグワリオール藩王国を保護国にした。役員会は大義名分のない藩王国侵攻を理由に、インド庁の反対にもかかわらず彼を召還した。一方、議会はアフガニス

エレンボロー

ヘンリー・ハーディング

タンにおけるイギリスの軍事的威信の回復、領土の拡大、軍隊の改善などの功績で、感謝決議をした。彼はインドでの功績によって伯爵に昇進した。

＊

ヘンリー・ハーディング（子爵）（一八四四〜四八年）

エレンボローの後任には、軍人政治家のハーディングが任命された。イギリスはシクとの戦争に備えて、オークランドの時代から兵力の増強をしており、ハーディングはインドで最強と見られたシク軍を打ち破った。

第一次シク戦争（一八四五〜四六年）は、正規軍同士の戦いで短期決戦であった。シク軍は兵力では勝りながら、相互不信から統制がとれず、連携行動ができなかった。イギリスはシク軍を打ち破ったあとも、パンジャブをただちに併合せず、ランジット・シンの息子を藩王とする独立国として残した。

パンジャブの征服によって、イギリスはインダス河からベンガル湾までの支配者になった。イギリス領の形は定まり、経済開発が最重要課題となった。彼は前任者が着手したガンジス大運河工事を継続、ルールキに土木技術者養成学校を設立した。茶の栽培を奨励し、ダージリンに最初のサナトリュームを建設、避暑地としての発展に途《みち》を開いた。

ハーディングはシクが条約を守ることを確認すると、自分の使命は終わったとして、在任四年足らずで帰国した。帰国後、元帥にまで昇進し、第一級の軍人と評価されている。

＊

ダルフージ（一八四八～五六年）

ハーディングの後任には、三五歳のスコットランド貴族のダルフージが任命された。閣僚歴は商務長官だけであったが、ホイッグのラッセル首相にその猛烈な仕事ぶりと能力を買われ、最年少の総督誕生となった。

「彼の政治の特徴は、国家の発展のための多数の政策の導入、大々的な領土の併合とインド帝国の拡張であった」（S・バタッチャリア）と要約できる。ダルフージは在任八年の間に、前任者から引き継いだ時よりも三〇パーセント以上領土を拡張し、領土拡張では歴代一位であった。彼の着任早々に第二次シク戦争（一八四八～四九年）が勃発し、シク軍は大

ダルフージ

敗、パンジャブはイギリス領に併合された。

パンジャブを手始めに、以後、シッキムの一部、下ビルマ、サタラ（いずれも一八四八年）、ジャイプル、ジャバルプル（四九年）、バガート（五〇年）、ウダイプル（五二年）、ジャンシー（五三年）、ナーグプル（五四年）、カラウリ（五五年、本国政府が不承認）、アワド（五六年）を併合した。これらの併合地のうち、戦争によるものはパンジャブと下ビルマだけであった。アワドは政治の腐敗を理由に本国政府と役員会が総督に命じての併合だったが、それ以外は失権（正統な男子後継者の欠如）による併合であった。

ダルフージ以前にも失権は適用されたが、彼のように徹底して厳格に適用した総督はなかった。加えて、彼は藩王国の再興を許さなかった。藩王国は英領地域に比べて万事遅れており、藩王国の再興は領民のためにも、イギリスのためにもならない、との考えの持ち主であった。彼はW・ヘイスティングズに連なるオリエンタリストでなく、近代化主義・改革主義者であった。

近代化主義者としての功績は、インドの経済発展に不可欠な鉄道、道路、橋、港湾、灌漑、電信などの経済インフラを建設・拡充したことである。インド人にも評価されている経済社会インフラの建設が進歩主義のポジティヴな側面であるとすれば、進歩主義はイギリスの政治、法律、風俗習慣などがインドのそれよりも優れているという考え方に支えられていたため、インドの風俗習慣の蔑視、否定というネガティヴな側面を伴っていた。彼の功績と失敗は表裏一体で、切り離して論じることはできない。

彼の後任のカニング総督の時代、インドの大反乱が起き、その主たる原因として彼の藩王国併合政策がやり玉にあがったため、ダルフージの評価は今日でも極端に割れている。ただ確実に言えることは、彼ほどインドの社会、経済、政治に大きな衝撃を与えることをやってのけた総督はいないということである。

＊

チャールズ・カニング（一八五六〜六二年）

インドの大反乱に遭遇した総督は、カニングであった。彼は会社の時代最後の総督、政府による直接統治期最初の総督になった。会社はインドの大反乱の責任を取らされて、インド統治から退場、インドは政府の直接統治下に置かれた。

大反乱の発端は、一八五七年五月に起きたメーラト兵営でのインド兵の反乱であった。反乱の第一報がアグラ経由でカルカッタに伝えられると、カルカッタのイギリス人はパニックに陥った。カニングはすぐには反乱の鎮圧を決断せず、行動も起こさなかった。のちに彼の慎重な性格が初動対応の遅れを招いたと批判されることになった。

反乱は北インド全域に広がり、反乱軍はムガル皇帝のいるデリーに次々と集結、一時、兵力が三万人に膨れ上がった。反乱の鎮圧には一年以上かかり、約一万人のインド人が死亡した。カニング総督は一八五八年七月八日、平和回復宣言をおこなった。

チャールズ・カニング

反乱鎮圧の功績により、伯爵に昇進した。彼は反乱に対して報復的処罰をせず「仏のカニング」と在印イギリス人に揶揄された。のちに、このニック・ネームは彼の徳義の高さに対する讃辞に変わった。

カニングは最後の三年間、会社から政府への統治の移行に伴う制度変更、インドの大反乱の後始末に全精力を注いだ。インド軍の再編、財政再建、司法・行政制度の改革、藩王の信頼回復に努め、その後の繁栄の基礎を作った。非常時向きではなかったが、平時の総督としては有能であった。いまだに評価の定まらない、歴史家を悩ませる総督である。

結びにかえて

インドの大反乱で、イギリス東インド会社はインド統治から外され、インドは政府の直接統治下に置かれた。すでに述べたように、ピットのインド法が一七八四年に導入されて以来、インドは会社と政府の共同統治下に置かれ、特許状更新のたびに会社の権限と機能は縮小されてきた。インド庁が実権を持つようになってから、インド統治は実態としては政府の直接統治に近かった。

直接統治にすべし、という意見は次第に強くなったが、インドは会社によってよく統治されており、会社以上にうまく統治することを約束できるものはいなかった。それで政府はインド統治を会社にゆだねてきた。

インドが直接統治になると、イギリス本国では会社の役員会は解散し、インド庁はインド省に、インド庁長官はインド相に格上げされた。会社統治の継続性が完全になくなったわけではなく、インド相の助言機関であるインディア・カウンシルがロンドンに置かれ、一五名のメンバーのうち七名はインド勤務経験者が任命された。

インドでは主要都市に、インド統治の主体が会社から政府に替わったことを知らせる告示が出されたが、一般のインド人には関係のないことであった。インド人にこれと分かるような制度的な変化は起きなかった。会社の作ったインド統治機構を、にわかに変える必要性がなかったからである。

総督にはviceroyという称号が加わり、一八五八年のヴィクトリア女王が出した告示のなかで最初に使われた。これは総督の職務の儀礼面を強調する称号であり、法律用語ではない。ヴァイソロイは、インド帝国内でのみ使われる称号であった。日本では副王と訳す人が多いが、これは正しくない。国王の名代《みょうだい》を意味する言葉で、国王その人がインドに来ている場合には、ヴァイソロイは存在しないので使用されなかった。私自身も過去に副王と訳す失敗をしているが、A・B・ルドラの本によってそのことに気づいた。

東インド会社の二五〇年余の歴史を概観しただけで、その存在の大きさを実感できるが、日本ではその研究があまりにも少ない。日本では会社のインド統治の負の側面に目が注がれすぎ、近代多国籍企業の嚆矢《こうし》としての東インド会社、モダナイザーとしての側面を軽視しすぎてきたように思える。インドの現在の経済発展との関係においても、会社のインド統治の見直しが必要であろう。

主要参考文献

イギリス東インド会社全般

政府報告書

British Parliamentary Papers, Third and fourth reports from the select committee on the affairs of the East India Company, with appendices, Colonies East India 2, Irish University Press, 1969.

British Parliamentary Papers, Report from the select committee on the affairs of the East India Company, with a general appendix and index, 1831-32, Colonies East India 5, Irish University Press, 1970.

British Parliamentary Papers, Minutes of evidence before the select committee on the affairs of the East India Company, with appendix and index (*I Public*), *1831-32, Colonies East India 6,* Irish University Press, 1970.

British Parliamentary Papers, Minutes of evidence before the select committee on the affairs of the East India Company, with appendices and indices (*V Military*), (*VI Political or Foreign*), *1831-32, Colonies East India 11,* Irish University Press, 1970.

British Parliamentary Papers, Report from the select committee on Indian territories, with proceedings, minutes of evidence, appendix and index, 1852, Colonies East India 12, Irish University Press, 1970.

British Parliamentary Papers, Second to sixth reports from the select committee on Indian territories, with proceedings, minutes of evidence, appendices and index, 1852-53, Colonies East India 14, Irish

University Press, 1970.
British Parliamentary Papers, Reports from the select committee of the House of Lords on Indian territories, with minutes of evidence, appendices and index, 1852-53, Colonies East India 15, Irish University Press, 1970.
British Parliamentary Papers, Second and third reports from the select committee of the House of Lords on Indian territories, with minutes of evidence, appendices and index, 1852-53, Colonies East India 16, Irish University Press, 1970.
British Parliamentary Papers, Reports from the select committee on colonisation and settlement in India, with proceedings, minutes of evidence, appendix and index, 1857-58, Colonies East India 17, Irish University Press, 1970.
British Parliamentary Papers, Reports from the select committee on colonisation and settlement in India, with proceedings, minutes of evidence, appendices and indices, 1859, Colonies East India 18, Irish University Press, 1970.
British Public Record Office, CSC2/17, XC172.

論文・単行本

浅田實『イギリス東インド会社とインド成り金』ミネルヴァ書房、二〇〇一年
大川周明「特許植民会社制度研究」『大川周明全集』第4巻、大川周明全集刊行会、一九六二年
西村孝夫『イギリス東インド会社史論――イギリス東インド貿易及び貿易思想史研究への序論』啓文社、一九六〇年
浜渦哲雄『世界最強の商社――イギリス東インド会社のコーポレートガバナンス』日本経済評論社、二〇〇一年

Ames, Glenn J.: *Colbert, Mercantilism, and the French Quest for Asian Trade,* Northern Illinois University Press, 1996.

Bhattacharya, Sachchidananda: *A Dictionary of Indian History,* George Braziller, 1967.

Bowen, H.V.: British India, 1765-1813; The Metropolitan Context, P.J. Marshall (ed.), *The Oxford History of the British Empire; The Eighteenth Century,* Oxford University Press, 1998.

———: *Elites, Enterprise, and the Making of the British Overseas Empire, 1688-1775,* Macmillan, 1996.

———: *Revenue and Reform; The Indian Problem in British Politics, 1757-1773,* Cambridge University Press, 1991.

Bowen, H.V. *et al.* (eds.): *The Worlds of the East India Company,* Boydell Press, 2002.

Boxer, C.R.: *The Portuguese Seaborne Empire, 1415-1825,* Carcanet, 1991.

Chakrabarty, Phanindranath: *Rise and Growth of English East India Company; a study of British mercantile activities in Mughal India,* Punthi Pustak, 1994.

Chaudhuri, K.N.: The "New Economic History" and the business records of the East India Company, P.L. Cottrell and D.H. Aldcroft (eds.), *Shipping, Trade and Commerce,* Leicester University Press, 1981.

———: The English East India Company in the 17th and 18th Centuries; A Pre-modern Multinational Organization, Patrick Tuck (ed.), *Trade, Finance and Power,* Routledge, 1998.

———: India's Foreign Trade and the Cessation of the East India Company's Trading Activities, 1828-40, Asiya Siddiqi (ed.), *Trade and Finance in Colonial India, 1750-1860,* Oxford University Press, 1995.

Cotton, Evan: *East Indiamen; The East India Company's Maritime Service,* Batchworth Press, 1949.

Desai, Tripta: *The East India Company; A Brief Survey from 1599 to 1857,* Kanak Publications, 1984.

Foster, William: *England's Quest of Eastern Trade,* Routledge, 1998.

Gardner, Brian: *The East India Company; A History,* RupertHart-Davis, 1971.

Hodgson, G.H.: *Thomas Parry; Free Merchant, Madras, 1768-1824,* Higginbothams, 1938.

Jones, Geoffrey: *Merchants to Multinationals; British Trading Companies in the Nineteenth and Twentieth Centuries,* Oxford University Press, 2000.

Lawson, Philip: *The East India Company; A History,* Longman, 1993.

Marshall, P.J.: *East Indian Fortunes; The British in Bengal in the Eighteenth Century,* Oxford University Press, 1976.

———: Britain without America; A Second Empire?, P.J. Marshall (ed.), *The Oxford History of the British Empire; The Eighteenth Century,* Oxford University Press, 1998.

———: The British in Asia; Trade to Dominion, 1700-1765, P.J. Marshall (ed.), *The Oxford History of the British Empire; The Eighteenth Century,* Oxford University Press, 1998.

———: *Problems of Empire; Britain and India, 1757-1813,* George Allen and Unwin, 1968.

———: Private British Trade in the Indian Ocean Before 1800, Patrick Tuck (ed.), *The East India Company, 1600-1858; Trade, Finance and Power,* Routledge, 1998.

Menard, Russell R.: Transport Costs and Long-Range Trade, 1300-1800; Was there a European "Transport Revolution" in the Early Modern Era?, James D. Tracy (ed.), *The Political Economy of Merchant Empires; State, Power and World Trade, 1350-1750,* Cambridge University Press, 1991.

Misra, B.B.: *The Central Administration of the East India Company, 1773-1834,* Manchester University Press, 1959.

Moir, Martin: *A General Guide to the India Office records,* British Library, 1988.

Moon, Penderel: *The British Conquest and dominion of India,* Duckworth, 1990.

North, Douglass C.: Institutions, transaction costs, and the rise of merchant empires, James D. Tracy (ed.), *The Political Economy of Merchant Empires,* Cambridge University Press, 1991.

Pearson, M.N.: Merchants and States, James D. Tracy (ed.), *The Political Economy of Merchant Empires,* Cambridge University Press, 1991.

Philips, C.H.: *The East India Company 1784-1834,* Manchester University Press, 1961.

Siddiqi, Asiya: Trade and Finance 1750-1860, Asiya Siddiqi (ed.), *Trade and Finance in Colonial India, 1750-1860,* Oxford University Press, 1995.

Sutherland, Lucy S.: *The East India Company in Eighteenth-Century Politics,* Oxford University Press, 1952.

Thompson, Edward and G.T. Garratt: *Rise and Fulfilment of British Rule in India,* Macmillan and Co., 1934.

Tripathi, Amales: *Trade and Finance in the Bengal Presidency, 1793-1833*, Oxford University Press, 1979.

Webster, Anthony: *Gentlemen Capitalists; British Imperialism in South East Asia 1770-1890,* Tauris Academic Studies, 1998.

Wilbur, Marguerite Eyer: *The East India Company and the British Empire in the Far East,* Russell & Russell, 1970.

Zastoupil, Lynn: *John Stuart Mill and India,* Stanford University Press, 1994.

軍　隊

論文・単行本

Callahan, R.: *The East India Company and Army Reform, 1783-1798,* Harvard University Press, 1972.

Lawford, James P.: *Britain's Army in India; From its Origins to the Conquest of Bengal,* George Allen and Unwin, 1978.

Mason, Philip: *A Matter of Honour; An account of the Indian Army, its officers & men,* Purnell Book Services, 1974.

Peers, Douglas M.: *Between Mars and Mammon; Colonial armies and the Garrison State in India, 1819-1835,* I.B. Tauris Publisher, 1995.

Sandes, E.W.C.: *The Indian Sappers and Miners,* The Institution of Royal Engineers, 1948.

Trench, C.C.: *The Indian Army and The King's Enemies, 1900-1947,* Thames and Hudson, 1988.

官　僚

政府報告書

Civil service of India; The selection and training of candidates for the Indian civil service, George Edward Eyre and William Spottiswoode, 1876.

論文・単行本

浜渦哲雄『英国紳士の植民地統治――インド高等文官への道』中公新書、一九九一年

本田毅彦『インド植民地官僚――大英帝国の超エリートたち』講談社選書メチエ、二〇〇一年

Beames, John: *Memoirs of A Bengal Civilian,* Chatto and Windus, 1961.

Blunt, Sir Edward: *The I.C.S.; The Indian Civil Service,* Faber and Faber, 1937.

Braibanti, Ralph *et al.*: *Asian Bureaucratic Systems Emergent from the British Imperial Tradition,* Duke

University Press, 1966.
Coen, T.C.: *The Indian Political Service,* Chatto and Windus, 1971.
Hunter, Sir William: *The Thackerays in India,* Henry Frowde, 1897.
Jeffries, Charles: *The Colonial Empire and its Civil Service,* Cambridge University Press, 1938.
Kirk-Greene, Anthony: *Britain's Imperial Administrators, 1858-1966,* Macmillan, 2000.
Mason, Philip: *The Men Who Ruled India,* Jonathan Cape, 1985.
Misra, B.B.: *The Administrative History of India, 1834-1947,* Oxford University Press, 1970.
———: *The Bureaucracy in India; An Historical Analysis of Development up to 1947,* Oxford University Press, 1977.
O'Malley, L.S.S.: *The Indian Civil Service, 1601-1930,* Frank Cass, 1965.
Potter, David C.: *India's Political Administrators, 1919-1983,* Clarendon Press, 1986.
Rich, P.J.: *Elixir of Empire,* Regency Press, 1989.
Spangenberg, Bradford: *British Bureaucracy in India,* Manohar Book Service, 1976.
Trevelyan, G.O.: *The Competition Wallah,* Macmillan, 1866.

総　督

論文・単行本

浜渦哲雄『大英帝国インド総督列伝――イギリスはいかにインドを統治したか』中央公論新社、一九九九年
Aspinall, A.: *Cornwallis in Bengal,* Uppal Publishing House, Reprint, 1987.
Bence-Jones, Mark: *The Viceroys of India,* Constable, 1982.

Buchan, John: *Lord Minto; A Memoir,* Thomas Nelson and Sons, 1924.

Butler, Iris: *The Eldest Brother; The Marquess Wellesley,* Hodder and Stoughton, 1973.

Cunningham, H.S.: *Earl Canning,* Clarendon Press, 1891.

Feiling, Keith: *Warren Hastings,* Macmillan, 1954.

Maclagan, Michael: *"Clemency" Canning; Charles John, 1st Earl Canning,* Macmillan, 1962.

Malleson, G.B.: *Life of Warren Hastings, First Governor-General of India,* Chapman and Hall, 1894.

Mersey, Viscount: *The Viceroys and Governors-General of India, 1757-1947,* John Murray, 1949.

Moulton, Edward C.: *Lord Northbrook's Indian Administration, 1872-1876,* Asia Publishing House, 1968.

Oswell, G.D.: *Sketches of Rulers of India,* Vols. I, II, III and IV, Clarendon Press, 1908.

Roberts, P.E.: *India under Wellesley,* G. Bell and Sons, 1929.

Rudra, A.B.: *The Viceroy and Governor-General of India,* Oxford University Press, 1940.

あとがき

イギリスがインドに残した遺産で、現在のインドに役だっているものは少なくない。鉄道、道路、港湾などの経済インフラはよく知られている。ソフト面では英語に始まって国際的に通用する医学、法律などの高レベルの教育、メリトクラシー、議会民主主義などがあげられる。イギリスは少数の人間で多数の現地人を統治したので、窮余の策であったとはいえ、現地人を統治の補助要員として訓練、教育をした。また現地人の協力なしには広大な国土の支配はできなかったので、藩王、地主らを協力者とすると同時に、議会を開設、現地人の政治参加にも道を開いた。

イギリスは徐々にではあるが、官僚のインド人化を図ったので、インドの独立時には高級官僚ＩＣＳの半分はインド人になっていた。暴力装置である軍隊は傭兵中心であったが、インド人の士官への登用も徐々にふやした。イギリスの植民地統治は他の帝国主義国に比べて柔軟であり、結果的に様々の分野で現地人を訓練・教育したことになる。独立後のインドはそれを引き継ぎ、発展させた。イギリス人は差別的であったが、少なくともいろいろな分野でインド人に参加の機会を与え、その機会までは奪わなかった。能力あるインド人はそれにチャレンジし、成功を収めた。現在のインドの高度成長はインド人の能力に負うところが大きいが、能力開発の仕組みは植民地時代にまで遡ってみる必要があろう。
最後になったが、本書の編集の労を取っていただいた中央公論新社書籍第一部の方々に心からお礼を申し述べたい。

二〇〇九年一一月

浜渦哲雄

解説

羽田　正

本書は浜渦哲雄氏が二〇〇九年に中央公論新社から出版した同じ題名の著書をその内容を変えずに文庫化したものである。この種の復刊にあたっては、著者があらためて「あとがき」を記すのが一般的だが、残念なことに著者の浜渦氏は二〇二二年に亡くなっている。このため、編集部から依頼を受けた私（羽田）が、本書の内容と特徴について解説を担当することとなった。

本書で語られる東インド会社とは、ロンドンを本拠地とし一六〇一年（グレゴリウス暦、当時イングランドでなお使われていたユリウス暦だと一六〇〇年）から一八五八年まで二五〇年以上存続した組織である。長い期間にその機能は大きく変化した。当初は喜望峰より東、マゼラン海峡より西の「東インド」とイングランドとの間の貿易独占を国王によって認められたロンドンの商人の組合だったが、やがて巨大な商社となって政府との関係を深め、最終的には植民地インドの統治機関へと変身を遂げた。著者によると、「インドを植民地化し、イギリスによるインド支配の基本構造を作った重要な歴史的存在である」（一八頁）。本書はその歴史を、特に植民地統治機関となってからの会社の総督・官僚・軍隊に焦点を当てて解説している。

イギリス東インド会社そのものに関する研究や著作は、日本ではそれほど多くない。長崎出島に商館を置いたオランダ東インド会社と比べると日本の歴史との関係が薄かったことが理由の一つだろうが、浜渦氏は「その存在があまりにも大きく、全体像をつかみにくく、切り口が見つけにくいからではないだろうか」（一九頁）という。確かにイギリス東インド会社は、組織が存在した期間が長くしかも時代によってその性格や特徴は大きく異なる。イギリス史やインド史といった一国史の枠組みに収まる存在でもない。従来型の歴史研究や叙述には向かない存在である。

しかし、裏を返すなら、東インド会社は、長期的な視点に立って世界各地の過去の動向を横につないで解釈し理解しようとするグローバルヒストリーの手法を用いるには好適で有望なテーマになりうるとも言えるだろう。実際、かつて私自身はそのような観点から、イギリスだけではなく、オランダやフランスも含めヨーロッパ諸国の東インド会社の活動を軸にして世界を横につないだ歴史を語る書籍を刊行したことがある（『東インド会社とアジアの海』講談社、二〇〇七年）。ちょうど本書の原本が出版される二年前のことである。もっとも、そこで私が論じたのは、主に貿易商社としての東インド会社時代に限られている。立場や論述の手法は異なるがイギリス東インド会社の長い歴史をその始まりから終わりまでカヴァーする本書は、独自の価値を有している。いずれにせよ、原本刊行当時と比べると、現在はグローバルヒストリー研究の重要性がさらに強く認識されるようになっている。とすれば、東インド会社に注目する研究者とその研究成果はこれから数多く現れるに違いない。

本書は長い会社史全般を扱うが、会社がインドで領主の立場を獲得する一八世紀後半以後の百年が叙述の中心で、この期間のために全七章のうちの六章が割かれている。この後で述べるように著者の問題関心はイギリス植民地時代のインドにあるのだからこの配分は妥当である。前半一五〇年の商社時代についての記述が簡略となっている感は否めないが、そのあたりは、上記拙著の情報などで適宜補うこともできるだろう。

著者は原本を刊行する前に、イギリス東インド会社に関連して『英国紳士の植民地統治――インド高等文官への道』（一九九一年）、『大英帝国インド総督列伝――イギリスはいかにインドを統治したか』（一九九九年）、『世界最強の商社――イギリス東インド会社のコーポレートガバナンス』（二〇〇一年）という三冊の書物を出版している。これらの本のエッセンスは、順に本書の第六章、第七章、第三、四章に取り入れられており、本書の副題である「軍隊・官僚・総督」のうちでは、軍隊を扱った第五章が新しい情報を多く含んでいる。

主権国家が誕生する前の世界では、一つの政体の下で軍事力を有する主体が複数存在することはままあった。従って、会社が設立された一七世紀のイングランド王国において、海外に展開する東インド会社が自前の軍隊を持つことは特に問題とはならなかった。しかし、一八世紀後半になると、状況が変化する。会社がインドの領主となるのと歩調を合わせるように本国政府が軍事力の独占を志向するようになったからだ。この章では会社軍の構成と人事、会社軍と政府軍の間の軋轢《あつれき》、それに植民地インドにおける二つの軍隊の統合の試みなどの興味深い論述が展開されている。

私は著者の浜渦哲雄氏とは面識がなく直接の交流はなかった。従って、著者の問題関心や執筆の意図を正確には知り得ないが、「はじめに」と「結びにかえて」を読めば、おおよそのところは推測できる。著者の研究の最終目的は、現代インドがなぜ高度な経済発展を遂げたのかを解明することにある。インドに独特の政治経済社会構造がその理由ではないか、そして、それらはイギリスの植民地支配期に形成されたのではないかというのが著者の仮説である。その観点からすると、植民地支配の基本構造を作った東インド会社による統治の実際を知ることはきわめて重要であり、それが本書の出版につながったということになる。

しかし、原本刊行からわずか一五年の間にも、社会的な価値観や歴史の見方には変化が生じており、現在、本書を読むにあたっては注意が必要な点も見受けられるので、いくつか指摘しておきたい。

東インド会社についての本だから当然だが、読者は「インド」という語に十分な注意を払って読み進めれば、本書から様々な気付きを得ることができるだろう。著者によると「日本のインド政治・経済史研究はインド・サイドに立ってなされたものが圧倒的に多く、イギリスの植民地支配は概して否定的に語られがちであった」（一七頁）という。そして、「イギリス支配の残した正の遺産の見直しが必要」、あるいは「イギリスのインド支配を見直」（一八頁）すことが必要な時期に来ているのではないかと述べる。立場が異なれば過去の解釈や理解が変わることは間違いなく、もし、従来の研究や叙述のほとんどがインドの視点に立つものなら、それらとは異なる角度からの解釈や叙述がなされることは、歴史の多様性を提示するという意味で歓迎されるべきだ。

しかし、上に挙げた文章を素直に読むと、浜渦氏は植民地支配を肯定する立場でインドの過去を見直そうと提案しているようにも受け取れ、現代の価値観、倫理観に拠る限り、この姿勢は容易に受け入れがたい。思うに、インドではなくイギリスの立場から東インド会社の活動を描くに際して、著者は「否定的」や「正」といった過去に対する評価を示す語彙を不用意に使用してしまったのだろう。イギリスの視点からそのインド統治を論じることが本書の趣旨であり特徴なのである。

本書で紹介されている内容が視点を変えるとどのように異なって見えるかを実感するためには、インドに視点を置いて東インド会社や植民地期の歴史を扱った書物を併読するとよいだろう。例として、粟屋利江『イギリス支配とインド社会』（山川出版社、一九九八年）、神田さやこ『塩とインド　市場・商人・イギリス東インド会社』（名古屋大学出版会、二〇一七年）、小川道大『帝国後のインド』（名古屋大学出版会、二〇一九年）を挙げておく。

次に、本書では会社が貿易の対象とした「東インド」がときに「東洋」という語に置き換えられており（例えば、二二～二七頁）、注意が必要であることを指摘しておきたい。これは視点をイギリスに置きながらも日本語で記された書物であるが故の問題である。東洋は中国語を起源とする日本語の語彙である。中国、日本など地理的な東アジア空間に重点を置いて理解されることが多く、日本の読者には馴染みのある語である。今日ではヨーロッパ諸語のOrientに対応する言葉としても用いられる。実際、本書でも例えば東洋学、東洋諸語（一四〇～一四一頁）などOrientに対応する語として東洋が用いられている箇所がある。

一方、「東インド」とはヨーロッパ諸語で「西インド」と対をなす語であり、会社が設立された一七世紀から一八世紀前半頃までは、ヨーロッパから船で大西洋に乗り出し長く航海して到達する遠方の地域、空間のことを指していた。具体的には、「東インド」とは、アフリカの喜望峰の東から南米のホーン岬の西までの広大な空間であり、「西インド」は、ヨーロッパからマゼラン海峡に至るまでの島々や大陸、おもに南北アメリカ大陸やカリブ海の島々を指した。現代インドの国名がヒンドゥー語ではバーラトと呼ばれることからも分かるように、「インド」という語は元来ヨーロッパの人々による他称なのである。

このように「東洋」と「東インド」は同義ではない。混乱を招きかねない「東洋」への言い換えは行わず、「東インド」は現在のインドに限定して使われていたわけではなく日本や中国も「東インド」に含まれていたことなどを説明した上で、「東インド」をそのまま用いた方がよかったのではないかと思う。

もう一点、本書に現れる「インド人」という語にも注意を喚起しておきたい。ヨーロッパとほぼ同じ面積を持つ亜大陸に住む人々は、地域とその文化的背景や社会階層によってきわめて多様な特徴を持つ。ヨーロッパの中でもスウェーデンとスペインでは言語、文化、習慣、社会構造が相当異なっているように、例えば、東北部のベンガルと西南部のケララの人々の言語、身体的特徴や政治体制、文化風俗には相当な違いがある。これらの人々を「インド人」とひとくくりにして叙述することは、イギリス・サイドに立つからこそできることである。そもそも亜大陸の多様な人々はそれまで政治的に統一されたことはなく、まとめて「インド人」と呼ばれることもなかった。従って、同じように東インド会社、あるいはイギリス政府軍に編入されたとしても、「インド人兵士」は一枚岩ではなかったし、「インドの諸民族が結束してイギリスに当たることはなく、各個撃破された」（一〇七～一〇八頁）のは当然とも言えるだろう。「インド」という空間概念とそこに居住する「インド人」という集団の呼称と帰属意識は、イギリスの植民地統治が進行するにつれて徐々に形成されていったのである。

軍人や官僚、総督として活躍するイギリス人については、しばしばその出身地や階層について丁寧に紹介されていることからも分かるように、本書はイギリス・サイドに立って東インド会社の活動とインド統治について論じた作品である。そのことを十分に意識し、「インド」という語に注意を払いながら読めば有益な情報が多く入手できるだろう。

本書で描かれたイギリス東インド会社によるインド統治が現代インドの経済発展とどうつながるのか、浜渦氏が企図したことを存分に解明するためには、さらにもう一冊の書物が必要だったはずだ。浜渦氏のご逝去が惜しまれる。

（東京大学名誉教授）

1843		３月12日、エレンボロー総督、シンド王国を併合
1844		７月23日、Ｈ・ハーディング、総督に着任
1845		12月11日、第1次シク戦争勃発（～46年）
1846	５月26日、イギリス、穀物法廃止	
1848		５月18日、第２次シク戦争勃発（～49年。シク軍、グジャラートの戦いに敗れ、降伏）
1849	６月26日、イギリス、航海条例廃止	
1851	５月１日、第１回万国博覧会、ロンドンで開催	
1852		４月、第２次ビルマ戦争。12月、イギリスがビルマのペグー地方の併合を宣言
1853	５月、インド高等文官（ＩＣＳ）公開試験制の導入決定（実施は55年）。６月３日、東インド会社最後の特許更新	４月16日、インド最初の鉄道（ボンベイ―ターナ間）が開通
1855		３月24日、インド最初の電信線（カルカッタ―アグラ間）が開通
1856		２月、Ｃ・カニング、総督に着任。イギリス、アワド藩王国を併合
1857		５月10日、デリー北方のメーラトでベンガル軍のインド兵が反乱を起こし、北インドに波及。大反乱はじまる。反乱軍、デリーに集結。９月20日、イギリス軍がデリーを奪還
1858	１月31日、ヘイリーベリー・カレッジ閉校。９月１日、東インド会社、役員会を廃止。インディア・カウンシルを新設	７月８日、Ｃ・カニング総督、反乱終結を宣言。８月２日、インド政府法公布、インドはイギリス政府の直接統治下に入り、ムガル帝国滅亡。11月１日、ヴィクトリア女王の宣言により、インドの直接支配を開始
1861	会社軍、国王軍に統合	
1874	６月１日、1854年特許が切れ、東インド会社、正式に解散	

	軍を破る	
1806	２月、ヘイリーベリー・カレッジを開校。同月、ミントー（初代伯爵）、インド庁長官に就任。６月退任	７月10日、ヴェロールの兵営でインド兵が反乱、約200名のヨーロッパ人を殺害
1811		８月、ミントー総督、ジャワを占領（16年、ウィーン条約に基づき返還）
1813	東インド会社の特許状を更新、インド貿易を自由化	
1815	６月18日、ウェリントン、ワーテルローの戦いでナポレオンを破る。イギリス、ウィーン講和会議でケープ植民地などを獲得	
1816	イギリス金本位制制定	
1817		11月５日、第３次マラータ戦争勃発（～18年）
1819		イギリス、シンガポールを獲得
1820	１月29日、ジョージ３世没。ジョージ４世即位	
1824		３月５日、第１次ビルマ戦争勃発（～26年）
1826	10月、東インド会社役員会、インド貿易の打ち切りを決定	２月24日、イギリス、ビルマとヤンダブー条約を締結。ビルマ、アラカン、テナセリムを割譲
1829		12月、英領インドにおけるサティー（寡婦の殉死）を禁止。ディストリクト・コレクターを監督するコミッショナー職を新設
1830	６月26日、ジョージ４世没。ウィリアム４世即位	
1833	東インド会社の特許状を更新。中国貿易独占権廃止、商活動より撤退	ベンガル総督、インド総督に格上げされる
1834	４月22日、東インド会社、一切の商業特権を放棄	
1836		オークランド、総督に着任
1837	６月20日、ウィリアム４世没。ヴィクトリア女王即位	
1838		10月１日、第１次アフガン戦争勃発（～42年。アフガニスタンに侵攻した遠征軍、42年１月、撤退中に全滅）

		戦争勃発（～83年）
1776		7月4日、アメリカ植民地代表、独立宣言を採択・公布
1780		10月31日、ハイダル・アリ、カルナーティック地方を奪還。第2次マイソール戦争勃発（～84年）
1782		5月、イギリス、第1次マラータ戦争終結のためサルバイ条約を締結。12月7日、ハイダル・アリ没。ティプ・スルタン即位、戦争を継続
1783	12月19日、小ピット、首相に就任	
1784	8月13日、ピットのインド法成立。インド庁新設	
1785		2月1日、ヘイスティングズ、総督を辞任して本国へ帰国
1786		9月12日、C・コーンウォーリス、総督に着任
1788	2月13日、ヘイスティングズの弾劾裁判開始	
1789	7月14日、パリ市民蜂起。フランス革命はじまる	
1790		4月7日、第3次マイソール戦争勃発（～92年）。コーンウォーリス、マドラスから戦争を指揮
1792	地方の商工業者、インド貿易開放を議会に嘆願。H・ダンダス、インド庁長官に就任（93年、有給の長官に昇格。1801年、退任）	3月18日、ティプ・スルタン降伏、セリンガパタム条約を締結。第3次マイソール戦争終結
1793	2月1日、フランス、イギリスに宣戦布告。2月25日、東インド会社の特許を20年延長	3月22日、ベンガルの永代地租設定
1799		第4次マイソール戦争（3～5月）。5月4日、ティプ・スルタン敗北、戦死
1800	7月2日、大ブリテン王国とアイルランドの連合法成立（1801年発効）	5月、R・ウェルズリー総督、カルカッタにフォート・ウィリアム・カレッジを設立
1805	10月21日、イギリス、トラファルガー沖海戦でフランス・スペイン連合	7月30日、コーンウォーリス、総督に再任。10月5日、ガジポルで病死

		奪還。2月9日、クライヴ、シラージュダウラーと和平条約を締結。6月23日、クライヴ、プラッシーの戦いでベンガル太守・フランス連合軍を破る
1758		クライヴ、ベンガル知事に就任。第3次カルナーティック戦争（～63年）
1760	10月25日、ジョージ2世没。ジョージ3世即位	1月22日、イギリス、ワンディワーシュでフランスを破り、南インドにおけるイギリスの優位確定
1763	2月10日、イギリス・フランス・スペイン3国間のパリ講和条約。イギリス、フランスからカナダ、ミシシッピ以東のルイジアナなどを獲得	
1764		10月22日、H・マンロー大佐、バクサルの戦いでベンガル太守・アワド太守・ムガル皇帝連合軍を破る
1765		5月3日、クライヴ、ベンガル知事兼軍司令官として着任。8月12日、ムガル皇帝、アラハバード条約でベンガル、ビハール、オリッサの徴税権を会社に授与
1766	9月26日、株主総会で配当を6%から10%に引き上げ	
1767	5月18日、株主総会、40万ポンドの政府納付を決定	第1次マイソール戦争勃発（～69年）
1769		3月27日、イギリス東インド会社軍、ハイダル・アリと和平条約を締結。第1次マイソール戦争終結
1772	4月、会社の財政危機明るみに	4月13日、W・ヘイスティングズ、ベンガル知事に就任
1773	3月、政府、会社救済のため改革を条件に140万ポンドの融資を決定。6月15日、ノース首相の東インド会社規制法（ノースの規制法）成立	6月、ヘイスティングズ、ノースの規制法で初代ベンガル総督に決定
1774	11月22日、クライヴ自殺	
1775		3月17日、第1次マラータ戦争勃発（～82年）。4月19日、北米のレキシントンとコンコードでアメリカ独立

	革命はじまる。12月23日、ジェイムズ２世、フランスに亡命	
1689	２月13日、ウィリアム３世、メアリ２世、共同王位につく	
1693	10月７日、東インド会社、Ｊ・チャイルドの力で特許状を更新	オランダがポンディシェリーを奪取
1698	９月５日、ウィリアム３世の特許状により、新東インド会社設立	
1699		12月20日、カルカッタに商館フォート・ウィリアムを建設、ガヴァナーを任命
1700	２月12日、ウィリアム３世が旧会社の存続を認める	
1702	７月21日、新旧東インド会社、合同決定	
1707	５月１日、イングランドとスコットランドが合同、大ブリテン王国誕生	２月21日、アウラングゼーブ帝没
1709	統一東インド会社誕生	
1722	オーストリア、東インド会社を設立	
1739		３月20日、ペルシャのナーディル・シャー、デリーに侵攻。５月16日に撤退するまで略奪・殺戮
1744	３月、オーストリア継承戦争（1740～48年）に伴い、英仏開戦	第１次カルナーティック戦争（～48年）
1750		第２次カルナーティック戦争（～54年）
1751		８月30日、Ｒ・クライヴ、カルナーティックの首都アルコットを占領。親仏勢力のチャンダ・サーヒブの反撃に遭い、53日間籠城
1753		クライヴ、休暇で一時帰国
1754	12月31日、英仏和平条約	イギリス国王軍（政府軍）はじめてインドに派遣され、会社軍との対立がはじまる
1755	Ｌ・サリヴァン、役員に（57年、副会長に就任）	クライヴ、マドラスに着任
1756	５月17日、七年戦争勃発（～63年）。インドにも波及	６月20日、シラージュダウラー、カルカッタを占領
1757		１月２日、クライヴ、カルカッタを

1640		4月23日、イギリス、マドラスにフォート・セントジョージを建設
1642	8月22日、チャールズ1世、ノッティンガムで挙兵。内乱勃発	
1645	6月14日、ネーズビーの戦いでクロムウェル軍、国王軍を破る	
1649	1月30日、チャールズ1世処刑。5月19日、イギリス、共和政宣言	
1650	1月31日、議会が1社による東洋貿易を決議	
1651	10月9日、航海法制定	イギリス、ベンガルのフーグリに商館建設
1652	6月30日、第1次英蘭戦争勃発（～54年）	
1653		マドラス、プレジデンシー・タウンに昇格
1657	2月10日、クロムウェル特許状出される（議会が与えた最初の特許状）	
1659		6月5日、アウラングゼーブ、第6代ムガル帝国皇帝に即位
1660	5月29日、チャールズ2世、亡命先より帰国、即位。王政復古	
1664	8月27日、フランス、東インド会社を再設立	
1665	2月22日、第2次英蘭戦争勃発（～67年）	
1668		フランス、スーラトに最初の商館を開設
1672	3月17日、第3次英蘭戦争勃発（～74年）	
1682		会社、ボンベイ・ガヴァナーを任命
1685	2月6日、チャールズ2世没。ジェイムズ2世即位	
1687		ボンベイ、西海岸におけるプレジデンシー・タウンに。9月、アウラングゼーブ、ゴールコンダを征服・併合
1688	11月5日、オラニエ公ウィレム、兵を率いてイギリス本土に上陸。名誉	

イギリス東インド会社関連年表

西暦	イギリス本国およびヨーロッパ	インドおよび世界
1600	12月31日、エリザベス１世、ロンドンの商人に東洋貿易の特許授与。東インド会社設立	３月16日（旧暦）、オランダ船、豊後に漂着。９月15日（同）、関ヶ原の戦い、徳川家康方（東軍）勝利
1601	２月13日、Ｊ・ランカスター率いる東インド会社第１次船団出航	
1602	３月20日、オランダ東インド会社設立	６月５日、ランカスターの船団、アチェンに到着
1603	３月24日、エリザベス１世没。ジェイムズ１世即位	２月20日、ランカスターの船団、バンタムから本国へ出航
1604	８月、イギリス、スペイン・ポルトガルと講和	
1605		10月16日、ムガル帝国第３代皇帝アクバル没。ジャハンギール即位
1608		８月24日、第３次船団のＷ・ホーキンズ、スーラトに到着
1609	５月31日、ジェイムズ１世、新特許授与	
1611		イギリス、マスリパタムに商館を設置
1615	１月10日、ジェイムズ１世の特使Ｔ・ロー、ムガル皇帝に謁見	３月16日、ポルトガル、スワリでイギリス船団を攻撃
1616	デンマーク東インド会社設立	
1619	６月2日、イギリス・オランダ和平協定	
1620		デンマーク東インド会社、東海岸のトランクバールに最初の商館を設置
1623		２月27日、アンボイナでオランダ人がイギリス人らを公開処刑
1625	３月27日、ジェイムズ１世没。チャールズ１世即位	
1627		10月28日、ムガル帝国第４代皇帝ジャハンギール没
1635	イギリス、ポルトガルと休戦協定	

本書の原本は、二〇〇九年に中央公論新社より刊行されました。

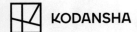

浜渦哲雄（はまうず　てつお）

1940年，高知県生まれ。大阪外国語大学インド語学科卒。日本経済新聞社，アジア経済研究所，広島大学総合科学部教授を経て，広島大学名誉教授。2022年没。著書に『石油王国の悲劇――アラブが砂漠にもどる日』『英国紳士の植民地統治――インド高等文官への道』『大英帝国インド総督列伝――イギリスはいかにインドを統治したか』『世界最強の商社――イギリス東インド会社のコーポレートガバナンス』など。

講談社学術文庫

定価はカバーに表示してあります。

イギリス東《ひがし》インド会社《がいしゃ》

軍隊《ぐんたい》・官僚《かんりょう》・総督《そうとく》

浜渦《はまうず》哲雄《てつお》

2025年5月13日　第1刷発行

発行者　篠木和久
発行所　株式会社講談社
東京都文京区音羽2-12-21 〒112-8001
電話　編集（03）5395-3512
販売（03）5395-5817
業務（03）5395-3615
装　幀　蟹江征治
印　刷　株式会社広済堂ネクスト
製　本　株式会社国宝社
本文データ制作　講談社デジタル製作

ISBN978-4-06-539654-4

「講談社学術文庫」の刊行に当たって

これは、学術をポケットに入れることをモットーとして生まれた文庫である。学術は少年の心を養い、成年の心を満たす。その学術がポケットにはいる形で、万人のものになることは、生涯教育をうたう現代の理想である。

こうした考え方は、学術を巨大な城のように見る世間の常識に反するかもしれない。また、一部の人たちからは、学術の権威をおとすものと非難されるかもしれない。しかし、それはいずれも学術の新しい在り方を解しないものといわざるをえない。

学術は、まず魔術への挑戦から始まった。やがて、いわゆる常識をつぎつぎに改めていった。学術の権威は、幾百年、幾千年にわたる、苦しい戦いの成果である。こうしてきずきあげられた城が、一見して近づきがたいものにうつるのは、そのためである。しかし、学術の権威を、その形の上だけで判断してはならない。その生成のあとをかえりみれば、その根は常に人々の生活の中にあった。学術が大きな力たりうるのはそのためであって、生活をはなれた学術は、どこにもない。

開かれた社会といわれる現代にとって、これはまったく自明である。生活と学術との間に、もし距離があるとすれば、何をおいてもこれを埋めねばならない。もしこの距離が形の上の迷信からきているとすれば、その迷信をうち破らねばならぬ。

学術文庫は、内外の迷信を打破し、学術のために新しい天地をひらく意図をもって生まれた。文庫という小さい形と、学術という壮大な城とが、完全に両立するためには、なおいくらかの時を必要とするであろう。しかし、学術をポケットにした社会が、人間の生活にとってより豊かな社会であることは、たしかである。そうした社会の実現のために、文庫の世界に新しいジャンルを加えることができれば幸いである。

一九七六年六月　　野間省一